フォロワーがたくさんいなくても大丈夫！

インスタアカウントづくりの教科書

横塚真之介
俳優／SNSマーケティングコーチ

standards

00 はじめに ～インスタビジネスの成功はアカウント設計が９割～

Instagramには、ほかのSNSにはないチャンスが待っている

インスタビジネスと聞くと、一般人では手が出せなそうな、規模の大きなInstagramアカウントをベースにした大がかりなネットビジネスをイメージする方も多いかもしれません。

しかし、ここ2、3年ほどで状況は変わり、Instagramをビジネス活用している個人事業主や会社員、主婦など、有名人でも企業でもない、一般のユーザーが増えてきました。

これには、一昔前の「年収が高い人」が社会的なヒエラルキーの上位にいた時代から、「フォロワーさんが多い人」が影響力をもつ時代に変わり、さらに「フォロワー数」ではなく、「フォロワーさんとの信頼度」でモノが売れるようになったという状況の変化が背景にあります。

そして、Instagramでフォロワーさんと信頼を築いて影響力をもつことができれば、連動して自分のブログやnote、メルマガなどの読者を増やしたり、オリジナルコンテンツをつくってお金を稼げたり、ビジネスの成長が加速したり、大きな企業からコンサルやコラボの話が来たりなど、努力次第で思いもよらなかった出会いができる時代になってきました。

実は、ぼくもInstagramでチャンスを掴んだ人間のひとりです。

ただの無名の役者のぼくが、Instagramを始めて5年も経っていないのに出版社から本を出すという、当時では考えもしなかったチャンスに巡り合えたり、年商何十億という会社の社長さんからインスタビジネス

の相談を受けたりしている状況は、Instagramをしていなかったら考えられません。

俳優としては、テレビや映画、舞台などに出させてもらっていますが、世間からみれば、自分から名乗らなければわかってもらえない、ただの無名の役者だった自分が、Instagramを必要とするたくさんの人にSNSマーケティングの手法を伝え、喜んでいただけていることは、ぼくにとっては新しい「生きがい」なのです。

「やりたいこと」をしているだけで喜んでもらえて、みなさんに「生きがい」を与えて、新しい「ご縁」をいただく。これらはすべてInstagramのおかげなのです。

2019年くらいから、Instagramをビジネス活用する人たちが増えています。ですが、たとえ今からInstagramを始める後発組だったとしても、先人たちと大差なく、チャンスを掴むことができるはずです。

本気でInstagramをビジネス活用していきたい人は、本書を活用してInstagramを通して「生きがい」を見つけていきましょう！

InstagramAIとお友だちになるアカウント設計

本書ではInstagramアカウント設計をしっかり行うことにより、InstagramAIを味方にして、フォロワーさんがたとえ少なかったとしても、あなたの望む未来を手に入れることができるとっておきのやり方を、インスタ初心者の方にもわかりやすくお話しします。以下に一連の流れの概要をお伝えしましょう。

Chapter1：アカウント設計をする前の事前準備

目的　**Instagramのアルゴリズムと全体を把握する**

Instagramで運や流行に左右されず、継続して結果を出し続けていくためには、そのアルゴリズムを理解することが必要不可欠になってきます。なぜかというと、ユーザーに愛されるようなアカウントは、運営するInstagram社側としてもほかのユーザーに知ってもらいたいからです。

Instagramのアルゴリズムは、それほどむずかしいものではありません。しかし、それを意識して運用していないアカウントがほとんどです。**アルゴリズムを意識した運用に変えていくことで、運まかせや流行に頼るのではなく、精度を上げていく運用ができるようになるため、スランプに陥っても自力で戻すことのできる考え方ができるようになってきます**。Chapter1ではそのアルゴリズムを理解した上での事前準備についてお教えます。

Chapter2：STEP1 ～Instagramの入り口と出口～

目的　**インスタビジネスの流れを把握して、ゴールを決める**

「売上を上げる」と一言でいっても、Instagramだけで実現できるものではありません。また、新規集客といっても、Instagramだけを使う場合とそうではない場合があります。

「入り口」と「ゴール」をあらかじめ決めておくことで、Instagramでどんなことをすればいいのか、明確になってくるでしょう。Chapter2では、その考え方をお話しします。

Chapter3：STEP2
～モデリングするアカウントを選別する～

目的　**Instagram市場を調べて、ゴールを言語化する**

Instagramに限ったことではありませんが、インターネットを使ったビジネスでは、成功している事例を自分のビジネスに置き換えて考えることがとても大切です。**そのためには、同ジャンルですでに結果を出しているアカウントを見つけて、良いところを取り入れていくことが必要です**。これは「モデリング」と呼ばれる手法で、Chapter3ではそのノウハウをお伝えします。

Chapter4：STEP3 ～理想のお客様を考える～

目的　**お客さまのことを理解して、ブレない軸を作る**

ビジネスをしていく目的のひとつは、お客さまをより良い未来に導いていくことが大切です。お客さまの悩みを深く掘り下げて、心に寄り添える形をととのえることで、ファン化が進み、求められる存在になっていきます。Chapter4ではお客様の目線に立ったアカウント運用の仕方を考えます。

Chapter5：STEP4～ハッシュタグの事前準備～

目的　**本格的に運用を開始してからの手間をあらかじめ整える**

ハッシュタグはあなたの投稿の露出を増やす役割がありますが、さらに重要なことは、InstagramのAIにあなたがどんなジャンルで発信しているのかを記憶させることです。

そのために本格的に運用を始めていく前にある程度、ハッシュタグを選別していく必要があります。Chapter5ではハッシュタグ活用法をお話ししましょう。

Chapter6：STEP5 〜AIが味方になるプロフィールづくり〜

目的 **AIがお友だちになり、理想のお客さまに届く基盤を作る**

フォロワーさんではないユーザーがあなたをフォローする過程の中で、プロフィールはとても重要です。**しかし、露出を増やしていくためには、AIに認識されやすいプロフィールの型があります。**

Chapter6ではAIから認識されて、人の目から見ても信頼を持ってもらえるような、成長していくInstagramアカウントのプロフィールづくりをお伝えします。

Chapter7：アカウント設計後の行動計画を立てよう

目的 **4つの数字の指標を元に行動計画を立てる**

準備ができても、それをうまく運用していかなければ、結果にはつながっていきません。**ただ闇雲に運用するのではなく、成長段階ごとに見ていく数字を意識して、効率よく進めていくことが大切です。**

Chapter7ではアカウント設計後、どんなところに気をつけて成長させていけばいいのか、アカウントを育てていく道順を丁寧にお伝えします。

Chapter8：インスタビジネスはアートとサイエンス

目的 **行動することで満たされる**

成功するために必要な要素は、「正しい知識」「行動すること」「継続すること」です。その中でも一番むずかしいのは、継続していくことです。

「『明日やろう』は、『ばかやろう』」とよく言われますが、行動することで形を作り、反応を得ることで行動を確信に変えていくことが大切です。

お客さまの求めることを理解して、情報発信していくことで行動が確信に変わり、心が満たされる運用ができるようになってきます。理想とするお客さまの心に響く投稿をし続けることができれば、みんなから選ばれる存在、そして、求められる存在になりますよね。当たり前の正論のようですが、ここが本書でお伝えしたいアカウント設計の本質です。
最後のChapter8では求められるアカウントになるためのマインドセットについて語ります。

インスタビジネスで こんな間違いしていませんか？

このような本の著者として言うのも何ですが、インスタビジネスで間違いを起こしやすい要素に、専門家のノウハウをたくさんインプットしようとすることがあります。
専門家のノウハウを買い漁って熟読したり、いい投稿をしようとしてひたすら悩んだり、うまくいっている人を真似たけどちっともフォロワーが増えなかったり。これは、Instagramで集客ができていない、ほとんどの人がやってしまいがちな間違いです。

たしかに、たくさんのことをインプットすれば、その分、知識やノウハウは確実に増えていくでしょうですが、今あなたが、Instagramで集客できていない場合、本質的な原因や課題は別のところにあります。
それは、ノウハウが足りないことではなく、正しいアカウント設計のやり方を知らないことです。

このアカウント設計のやり方を知らない状態でどれだけノウハウを増やしたとしても、設計図もなしに家を建てるようなものです。「家の建て方」とか、「庭の作り方」を知っていても、「設計図」がなければ、家を建てるのは不可能です。

この「設計図」をつくることが、本書でお話しする、アカウント設計なのです。

インスタビジネスで成功するためには、投稿するだけで集客ができてしまうような、正しいやり方のアカウント設計をする必要があります。

では、正しいアカウント設計をするとどうなるか？

将来的に、InstagramのAIがお友だちになって、理想のお客さまにおすすめしてくれるような状態になります。

- **InstagramのAIが味方をしてくれるような状態**
- **味方になったAIが、フォロワーさん以外の理想のお客様に勝手に拡散してくれる状態**

これを可能にするのが、アカウント設計なのです。

そして、未来のお客様に拡散してくれるので、投稿しているだけで、選ばれるアカウントに成長していくのです。

喜ばれながら、継続して、集客することができます。

本書では、ぼくがたくさんの経営者をコンサルする中でつくりあげたアカウント設計の手順を、わかりやすい言葉でお伝えしていきます。

まず最初は、最後までざっと読み進めて、アカウント設計の全体像を把握してみてください。その際、読んでいてうまく理解できない部分があっても問題ありません。

そして、運用を進めていく中で、何度も読み返してもらうと、より効果的に本書を活用することができます。

本書では、Instagramでのアカウント設計のことのみならず、SNSマーケティング全体の本質的な考え方について書きました。

アカウント設計を通して、SNSマーケティングの本質を取り入れていきましょう。

横塚 真之介

もくじ

Chapter 2　STEP1
〜 Instagramの入り口と出口〜〜

Chapter 3　STEP2
〜モデリングするアカウントを選別する〜

Chapter 4　STEP3
〜理想のお客さまを考える〜

Chapter 5 STEP4
～ハッシュタグの事前準備～

Chapter 6 STEP5
～AIが味方になるプロフィールづくり～

Chapter 7 アカウント設計後の行動計画を立てよう

Chapter 8 インスタビジネスは アートとサイエンス

Epilogue インスタビジネスの先にあるもの

書籍コーディネート　小山睦男（インプルーブ）
ブックデザイン　平塚兼右（PiDEZA）
カバーイラスト　わかし／PIXTA（ピクスタ）
本文イラスト　津久井直美

Prologue

インスタの世界を理解しておこう！

Instagramは若い層にも人気が高いし、今さら参入しても、もう遅いんじゃないの？　と思う方は多いでしょう。実はそれは単なる思い込みで、Instagramは他の人気SNSに比べても開拓の余地がある市場なのです。本題に入る前にまず、Instagramそのものについて理解しておきましょう。

01 そもそもInstagramってどういうSNS？

Instagramの目的を理解しよう

Instagramを仕事に活用していく上で、忘れてはいけないことがあります。それは、Instagramは企業が運営しているということです。

そして、Instagramは、誰でも無料ではじめられる、世界的に有名なSNSです。

では、なぜ「誰でも無料ではじめられる」のでしょう？

「インスタを運営しているInstagram社がとっても親切な会社だから」

「SNSは無料で使えるのが当たり前だから」

「どこかの大金持ちがぼくらのために出資してくれているから」

これらの回答は半分は正解で、半分は間違っています。その理由を説明しましょう。

Instagram社は企業、つまり一般的な意味での会社です。社会貢献、利他の精神、SDGsなどを掲げている会社もありますが、いちばん根底にあるのは、もちろん利益の拡大です。「世のため、人のため、身を粉にしてがんばりましょう！」「お給料は上がらないけど、お客さまの喜びがなによりの報酬です！」では、実質的にはブラック企業と変わりません。ぼくは、会社に勤めた経験がないので想像上の話になりますが、めちゃくちゃがんばって働いているのにお給料が上がらないって、どんなにお客さまに喜んでもらっていたとしても、けっこうブラックな会社ですよね。

優良な会社は、良い仕事をしてくれる社員にはお給料を上げるという形で還元するため、会社が利益を拡大していくということは単にお金儲けの話ではなく、社員の生活をより豊かにするためでもあるのです。

Instagram社がサービスをユーザーに無料で提供して、社員にも十分なお給料を渡して、かつ企業として成功しているのは、しっかりとした収入源があるからです。

Instagramの収入源とは、ズバリ、広告費です。

Instagramのストーリーズ（24時間で消える投稿動画）やリール（最長90秒の縦型動画）を見ていたり、ホーム画面を見ていたり、発見欄を見ていたりすると、何かしらの広告が流れてくるのに気づくと思います。この広告が、Instagram社のおおよそ9割の収入源になっているのです。これは、Instagramに限ったことではなく、FacebookでもX（旧Twitter）でもYouTubeでも、たいていのSNSは同じように広告収入で成り立っています。

たとえば、あなたがホームのタイムラインを見ていて美容液の広告が出てきて、とても興味のある内容だったので、その広告の画像をタップしたとします。このタップしたときに1タップに対して、○円という形で広告主（美容液の広告を出していた会社）が、Instagram社に広告費を支払うことになります。

Instagram社の利益を考える

ビジネスの基本は「相手もうれしいこと（相手が求めること）をする」ことです。その相手というのは、なにも見込みのお客さまだけではありません。インスタを運営するInstagram社に対しても同じことが言えます。

Instagram社がうれしいこと（求めること）とは何でしょうか？　**それは、Instagramを愛用しているユーザーが、より多くの時間をInstagramに**

費やしてくれて、よりアクティブに活動してくれることです。

あなたがフォロワーさんに役に立つ投稿をして、そのフォロワーさんがインスタに滞在する時間が長くなれば長くなるほど、Instagram社としては広告を表示できる可能性が高まって、利益の拡大に繋がるのです。

そして、人間の本能的な反応として、自分の仕事の利益に貢献してくれる人には、お礼をしたくなります。Instagram社も同じで、自社の利益に貢献してくれるユーザーにはお礼をします。このお礼が、あなたのアカウントに興味がありそうなユーザーの発見欄にあなたの投稿を載せて、見込みのお客さまの目に留まるようにおすすめしてくれることなのです。

ただし、いくらあなたの投稿が見込みのお客さまが興味を持つ内容だったとしても、その投稿を見た人の役に立っていなかった場合、おすすめはされません。**そこで、役に立っているかどうかをAIが数値的に判断するために、「いいね数」「保存数」「コメント数」などのインサイトデータや判断するための仕組み（アルゴリズム）があるのです。**

アルゴリズムといっても決して複雑なものではありません。学生時代の部活のルール程度の認識で十分です。

●「三方良し」の考え方が成功のカギ

あなたの投稿の滞在時間が多ければ、InstagramのAIが自動的に見込みのお客さまにおすすめしてくれると書きましたが、見込みのお客さまにとっても「うれしい」があります。

Instagramのユーザーは、Googleなどの検索ユーザーとは違い、自宅でくつろいでいる時や移動中などの空き時間になんとなく見ている人たちが圧倒的に多い傾向があります。

Googleを使う人は、なにか知りたいことがあって、そのことを調べるために検索します。つまり、悩みを今すぐに解決したい人です（これを「今すぐユーザー」と定義します）。

逆にInstagramを使う人は、悩みを解決したいというよりも、特に目的もなく、なんとなく見ているだけです。悩みが全くないわけではないですが、それを意識せずにサービスを使っている状態です（悩みが潜在的なので、「潜在ユーザー」と定義します）。

見込みのお客様への「うれしい」とは、こうした潜在的な悩みや欲求に気づいて、検索する手間を省いてくれる情報がおすすめされることです。

たとえば、16時くらいになんとなくInstagramを見ている主婦がいたとします。そこへ「スーパーの食材で作れる簡単晩ご飯レシピ」という投稿が出てきたら、どうでしょうか？

これから晩ご飯のメニューを考えながら買い物に出かけなければいけない主婦の方にとっては、わざわざ検索しなくても、晩ご飯の簡単メニューのアイデアが見つけられたのです。彼女が潜在的に悩んでいたことに対して、すぐに役に立つ情報が手に入ったことになります。これがユーザーも「うれしい」ことになります。

- **自分がうれしい**
- **Instagram社もうれしい**
- **見込み客のユーザーもうれしい**

この「三方良し」の考え方が、インスタビジネスで重要な要素になります。

fig.「三方良し」の「うれしい」

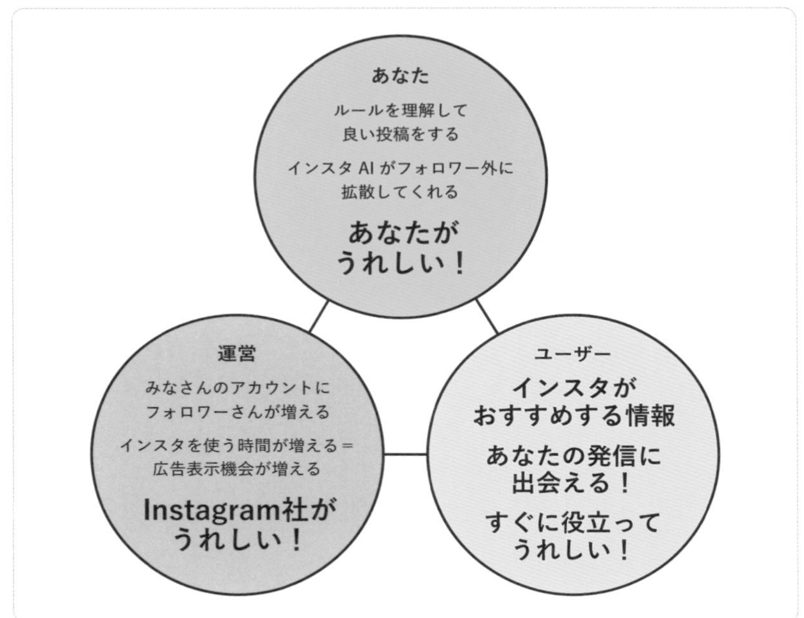

「あなた」と「運営」と「ユーザー」の「うれしい」が重なることで、インスタビジネスが回っていく

02 なぜ、今さらInstagramなのか？

今はまだ後発組でも上位が狙える

これからSNSをビジネスで活用していくのなら、後発組でも発信しているジャンルで上位を狙えるかどうか、というのは重要なポイントだと言えます。

例えば、YouTubeやX（旧Twitter）は、よくInstagramと比較対象に上がりますが、ある程度アルゴリズムの振り幅が安定（確定）しているため、安定期に入っています。

安定期に入っているSNSというのは、新規ユーザーを獲得していくというよりも、既存の上位ユーザーが快適に活用することのほうに、優先度を高く置く傾向があります。

YouTubeが顕著ですが、新しくチャンネルを開設しようとすれば、同ジャンルのチャンネルよりも動画の質を上げていかなければ、上位に食い込むことは難しいでしょう。そのため、結果を出していくチャンネルをつくっていくためには、ある程度の資金力が必要になってきます。

それに比べて、Instagramでは、設定画面のボタン配置や機能の追加、さらにバグが頻繁にあります。バグが多いということは、それだけバージョンアップを繰り返しているということですので、安定期にはまだ至っていない、成長期だといえます。

成長期特有の細かい仕様の変更やバグが起こるのは、上位ユーザーも下位ユーザーも条件が一緒だということです。

また、成長期には、運営会社は改善のために予算を投下しています。ということは、新規ユーザーを獲得していくための新機能が、これからもどんどん増えていくことが予想されますし、なおさら、上位ユーザーとの条件の差というのがなくなるため、**後発組でも充分に上位に食い込めるSNSだということが言えます。**

その他のSNSについても触れておくと、TikTokについては、ショート動画に世界的規模で力を入れていて、市場で伸びてくることが予想できます。ただし、TikTokの場合、あくまでショート動画だけのSNSなので、サービスの価値を伝えて購入に至るまでのお客さまの信頼を獲得するにはTikTokだけでは難しいと考えられます。

他にもピンタレストなど、これから伸びそうなSNSもいろいろありますが、まだまだWeb上に情報が少ないマイナー期で、これからどうなるのかはわからないため、余力がないなら今現在（2023年）では注力すべきではないと考えます。

fig. 新規参入できるSNS、できないSNS

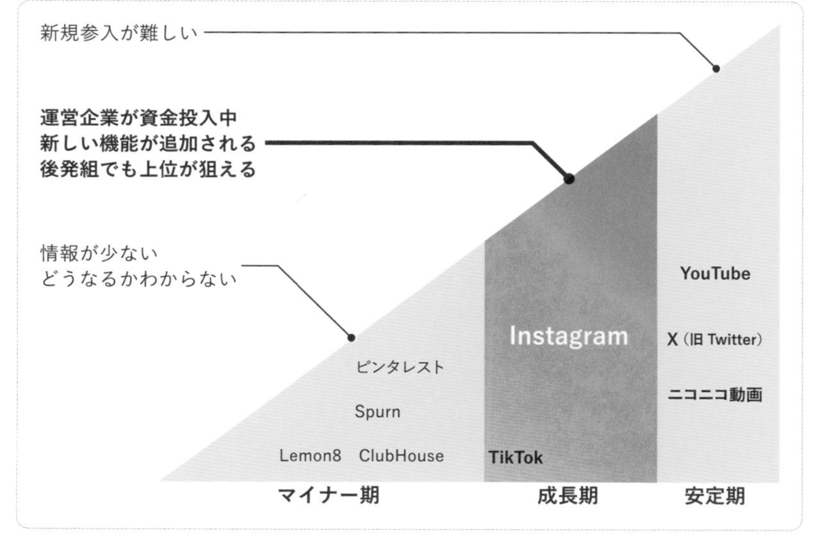

若い世代の生活に溶け込むInstagram

メッセージアプリとして有名な「LINE」と、Instagramの「DM」を比較してみます。

fig. AさんとBさんがどこかのカフェで待ち合わせてお茶をする場合

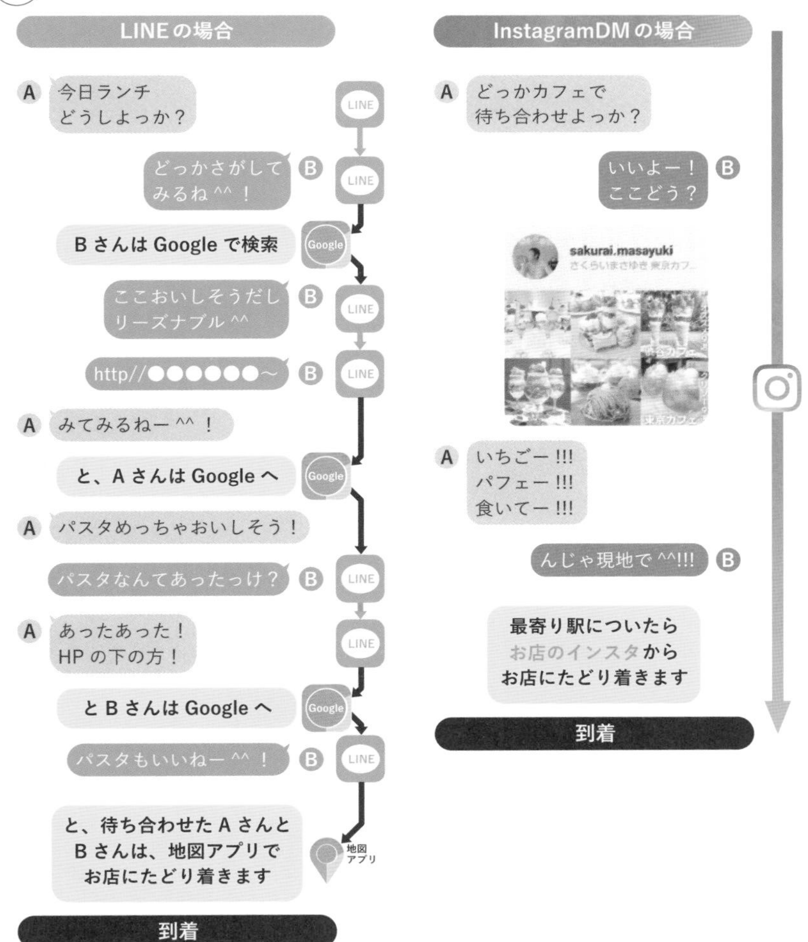

このように、LINEの場合は、Googleや地図アプリを何度か経由しないと目的の店舗までたどりつかないのに対して、Instagramなら目的地までのやり取りをアプリ内だけで完結できてしまいます。

実際にZ世代のリアルの友だちとのやり取りは、InstagramのDMのやり取りがメインで、LINEのやり取りは業務連絡的な使用に固まりつつあるようです。

参考資料　「Z世代の新たなSNS活用術から読み解く新潮流」
https://prtimes.jp/main/html/rd/p/000000029.000048646.html

そして、意外かもしれませんが、多くの企業が未だ、Instagramに参入できていない印象があります。大手企業などはしっかりと参入していると思いますが、企業の方から「うちの広報担当と会ってインスタのこと話してよ」と相談されるケースは多いです。

Instagramでの購買量は増えていますが、規模の小さいベンチャー企業などからは需要に見合うだけの供給がされていない現状から考えると、実はまったくの初心者でも参入に値するブルーオーシャン（未開拓で競合の少ない市場）だと言えます。

03 海外からのフォロワーが増えても結果につながらない

海外からのフォロワーが増えやすい仕組み

2021年くらいに、とにかく海外の人のフォロワーを増やして、パッと見た感じでは人気アカウントに見せかけるやり方が流行っていた時期があり、今までぼくに相談していたお客さまの話から推測すると、この手法を教えている専門家の方もいたようです。

なぜ、海外からのフォロワーなら簡単に増えるのでしょうか？

この手法は、ほぼ女性に限った手法でしたが、海外の方から見ると、日本の女性は可愛らしく見られるので、主にアジア系女性を好む男性にフォローされやすいという理由があります。また、海外の男性は、とてもフレンドリーなため、フォローするハードルが低い傾向があります。

ですので、フォロワーを増やしたいと考えている日本人女性から「いいね」をされたり、「フォロー」されたりすると、フォロー返しをもらいやすく、「cute」とか「pretty」といったコメントもしてくれるような、友好的なフォロワーさんになってくれるという仕組みです。

海外の方とコミュニケーションをとったり、海外向けのサービスを提供しているアカウントならいいと思いますが、残念ながら、海外からのフォロワーを増やした方々の大半は、日本人向けのサービスを提供している方たちでした。

tab. 日本人女性は海外の男性からフォローされやすい

海外からのフォロワーが増えるとアカウントがダメになる？

はっきり言うと、どんなに海外のフォロワーさんが増えたとしても、販売している商品（サービス）が海外向けのモノでない限り、海外フォロワーに売れることはありません。

そもそも日本人向けに日本語でつくられているサービスが日本語のわからない海外の方に売れないのは当たり前のことで、単にモノが売れないだけなら「海外の方にアプローチするのはやめましょう」で済むのですが、あえてこの項目を本書で取り上げるのには理由があります。

それは、海外のフォロワーさんが増えていくと、仕事として使っていくうえで、アカウントとしては死亡フラグが立ってしまうからなのです。

たとえば、あなたがヨーロッパ圏の方々のアカウントにたくさん「いいね」をしたとします。すると、フレンドリーな外国人は、良い確率で「フォロー」で応えてくれるでしょう。さらに、あなたの顔写真の載っている投稿には、賞賛のコメントをもらえると思います。

この状況について、InstagramのAIはあなたのアカウントを、**「ヨー**

ロッパ圏に興味がある」「ヨーロッパ圏から人気がある」と記憶してしまうのです。

そして、双方向で需要があることがデータによって分析されるため、日本国内ではなく、ヨーロッパ圏の人におすすめされるようになってしまいます。海外のフォロワーさんがいくら増えても、日本の見込みのお客さまが新規でフォローしてくれなければ、売上にはつながりません。結果として、日本にいる理想のお客さまにサービスを売りたいのにヨーロッパ圏におすすめされるという、“本末転倒”なアカウントができあがり、さらに“最悪な結果”を招くことになってしまうのです。

●相談の回答は「アカウントの作り直し」

上記のような話をすると、「以前、外国人をフォローしていたのですが、どうしたらいいですか？」という相談を受けることがあります。

このとき間違ってもしてはいけないことが、今現在フォローしている海外フォロワーに対するフォローを大量に外すことです。

Instagramに限ったことではなく、SNSのそもそものコンセプトは、相互間でコミュニケーションを取ることなので、「フォローを外す」という行為は、SNSのコンセプトに反する行為になるため、ペナルティを受ける可能性が高まってしまいます。

「アクション制限がかかってしまう」「シャドウバン（フォロワーさん以外に投稿が表示されなくなること）されてしまう」「ログインできなくなる」など、どのペナルティも受けてしまうと、解決するまでに時間がかかり、時として解決されずにそのままにされてしまう場合もあります。

誰も知らない演劇とインスタビジネスの関係

●ハリウッドスターたちのメソッド演技法

マリリン・モンロー、ロバート・デ・ニーロ、アンジェリーナ・ジョリー、ダスティン・ホフマン、ジャック・ニコルソン、アル・パチーノと、名前を挙げたらキリがありませんが、現在でも多くのハリウッド・スターたちを生み出しているメソッド演技のベースになっているのが、20世紀以降の舞台演技に大きな変化をもたらした「スタニスラフスキー・システム」という演技方法です。

人の前に出たときの緊張や違和感をどうしたら取り払うことができるか、舞台上でいかにして生きた人間として存在し、インスピレーションを得られるかを考えた、ロシアで生まれた演劇技術の基礎と呼ばれた技術です（ぼくは学生時代に受かったオーディションのワークショップ審査のとき、イギリス留学から帰国した演出家からたまたま学びました）。

このスタニスラフスキーシステムの中に3つの（集中の）輪というスキルがあります。

第1の輪……ひとりの状態（自分に集中する状態）
第2の輪……相手がいて、対象に集中する状態
第3の輪……周りのものすべてに注意を払う状態

舞台に立つ俳優は、スポットライトが切り替わるように、この3つの輪を切り替えることで自分を見失わずに済みます。

簡単に言うと、「ひとり／ふたり／たくさん」という3つの切り口をもつことで、お芝居のトーンを切り替えていくということです。

全くインスタビジネスとは関係ないように思うかもしれませんが、**実は、このスタニスラフスキー3つの集中の輪を意図的に考えていくことが、インスタビジネスにとても有効な流れを生み出すのです。**

演劇メソッドをインスタビジネスに連動させる

スタニスラフスキーシステムとインスタビジネスの関連をぼくなりに考えると、以下のようになります。

第1の輪（ひとり）……**ひとりの状態**（自分に集中する状態）
⇒**自分に集中し、どんな情報を投稿できるのか、精査していく。**

第2の輪（ふたり）……**相手がいて、対象に集中する状態**
⇒**投稿することで、相手**（ペルソナ）**にどんな良いことがあるのか？　想像力を膨らませ、実際のやり取り**（コメントなど）**を続けていく。**

第3の輪（たくさん）……**周りのものすべてに注意を払う状態**
⇒**実際のやり取りが起きたとき、やり取りしている対象以外のターゲット**（第三者）**に、自分のアカウントがどのように映っているのかを意識する**

fig. インスタグラムの「3つの輪」

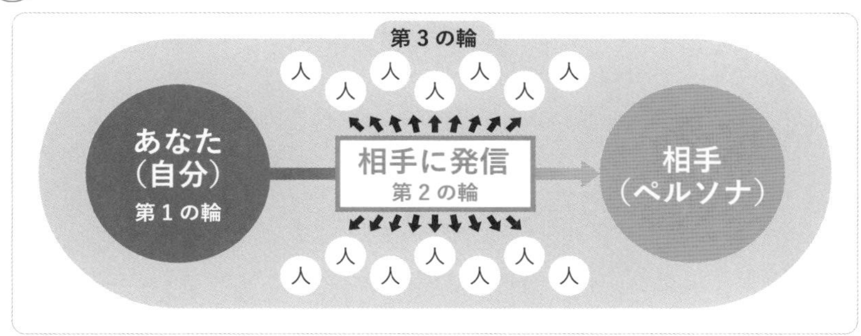

Instagramの場合、第2の輪（ペルソナ）に向けた発信をしていくことになりますが、**意識する必要があるのは、第3の輪にいる「その他大勢」のターゲット（第三者）にどのように映っているのか？　ということです**。

たとえば、あなたがフィード投稿の最後に「コメントしてね」と書いたことでコメントを入れてくれたフォロワーさんがいたとします。そのコメントに対して、「ありがとうございます！」と回答したとします。すると、そのコメント返信を見た「その他大勢」のターゲットは、「このアカウントの運営者はコメントをちゃんと返してくれる人なんだ」という認識をもつことになります。

さらに「ありがとうございます！◯◯さんの着眼点、素敵ですね！見習います！」と回答していたとしたらどうでしょうか？　たった一言のコメントに対して、丁寧に回答するあなたへの好感度は上がり、回数が増えていけば、信頼の貯金はどんどん増えていくでしょう。

くれぐれも、ノーリアクションは避けてください。フォロワー数が何万人もいて、返信が追いつかないような状態を第三者が認識できるなら、ノーリアクションでも大義名分が通りますが、ちょっとやれば返信できるような数のコメントに対して、全然返信していないとしたら、第三者はどう思うでしょうか？　コメントしてきてくれる人が一番恐れているのは、コメントの返信がないこと（無視されること）です。

「スマホの向こうには人がいる」ということを意識してコメントの返信をしていきましょう。

Chapter 1

アカウント設計をする前の事前準備

Prologueでお話ししたように、インスタビジネスで大切なのはフォロワーを増やすことではなく、「集客できるアカウント」をつくることです。なぜアカウント設計が重要なのか、そしてアカウント設計の前にどんな準備が必要なのか、まずそのことをご説明します。

05 なぜアカウント設計が重要なのか？

フォロワー１人の価値を考えよう

まず初めにサンプルをもとに、質問してみます。

Aさんは、フォロワー500人で月商が100万円、Bさんは、フォロワー５万人で月商が10万円です。

フォロワー１人の価値を計算すると、月商÷フォロワー数で、Aさんのフォロワー１人あたりの価値は、2000円。Bさんのフォロワー１人当たりの価値は2円になります。

あなたがこれからビジネスをやっていく上で、AさんとBさん、どちらのスタイルをとっていきたいでしょうか？

おそらく、大半の人がAさんを選ぶと思います。AさんとBさんでは、フォロワーさん１人の価値は、1000倍も違いますから。

では、なぜ、こんなにも差が出てしまうのでしょうか？

「Aさんは高額商品を扱い、Bさんは低額商品を扱っていたから」

「Aさんはプロモーションを行い、Bさんは行わなかったから」

「A さんは見た目がよく、Bさんはそこまでではないから」

もし、あなたが理由として上記のようなことを考えているとしたら、それはビジネスをやっていくうえで危険な考えです。

なぜなら、その考え方というのは「できない」というネガティブな見方を前提にした発想だからです。

もし、あなたのサービスが高額商品にはならない、プロモーションには向かない、あるいは自分は見映えがよくない、と思っているのだとしたら、フォロワーさん1人の価値を上げていくことは、不可能だということになってしまいます。

Instagram社はSNSのコンセプトとして「『好き』と『ほしい』をつくる」と言っています。ですので、Instagramの仕様には、「『好き』と『ほしい』をつくる」ための仕組み（アルゴリズム）が備わっていて、昼夜、予算をかけてブラッシュアップを繰り返しています。

そして、その仕組み（アルゴリズム）を有効活用するための手順が、アカウント設計なのです。

●なぜ、アカウント設計が必要なのか？

Instagramに限らず、SNSと呼ばれるプラットフォームは「相互間のコミュニケーション」が前提で成り立っています。

あなたが「投稿する」ことは、イコール「発信する」ということになるので、あなた側から相手にコミュニケーションを取りに行っているということです。

すると、あなたの投稿を見つけたユーザーは、

❶画像をタップ（訪問）
❷最後まで読む（滞在）
❸「いいね」を押したり、保存をしたりする（アクション）
❹コメントを書く（アクション）
❺DMを送ってくれる（アクション）

という順番で、なにかしらの行動を起こしてくれます。

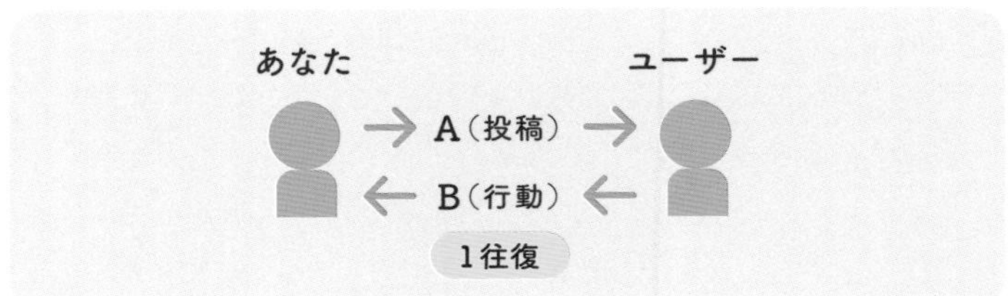

というように、あなたが投稿して、ユーザーが行動を起こしてくれることで、コミュニケーションとしては、1往復することになります。

さらにユーザーからのコメントやDMに対して、「“いいね”や返信をする」（＝1.5往復）、「返信に対して、ユーザーがさらに返信」（＝2往復）というふうに、コミュニケーションが積み重なっていきます。

すると、InstagramのAIは、あなたの投稿を皮切りにコミュニケーションが積み重なっていく流れを認識するため、あなたの投稿やアカウントを好評価していきます。

この好評価が蓄積されていくと、あなたのアカウントのパワーが上がり、InstagramのAIが、フォロワーさん以外のユーザーにおすすめしてくれるようになります。

好評価の仕組みは、P42〜の「08　インスタで覚えておくアルゴリズムは2つだけ」で解説するので、今の段階では「コミュニケーションを取っていくことが好評価に繋がる」ということを覚えておいてください。

ただし、ただ闇雲にフォローを繰り返していくのではなく、「見込みのお客さま」とコミュニケーションをとっていく必要があります。

ここを言語化して、アウトプットし、可視化していくことが、アカウント設計のひとつの役割なのです。

06 お客さまの「入口」とInstagramの「出口」

●お客さまの「入り口」の話

お客さまの「入り口」というのは、あなたの存在を知ってもらう場所のことです。つまり、どこで認知をしてもらってその後、フォロワーさんになってもらうのか、ということです。

わかりやすい例を3つ、挙げます。

例❶ ドラマに出演している女優さん

ドラマに出演している女優さんがInstagramをしていたとします。あなたはドラマでの彼女を見て好感を持ち、Instagramを見つけてフォローします。

この場合、この女優さんにとってのお客さまの「入り口（認知）」は、ドラマということになります。

当たり前だと思うかもしれませんが、当たり前過ぎて「入り口」の意識を忘れてしまっている方は少なくありません。なぜかというと、この女優さんが世の中の人に知ってもらう（認知される）ためには、Instagramではなく、ドラマのお芝居やバラエティでの宣伝活動に注力する必要があるからです。

ですので、この女優さんのInstagramでは、認知活動した後のことを意識して運用する必要があります。

例❷ お片付け教室をオンライン運営している名片付けアドバイザー

お片付け教室をオンラインで運営していて、本を出版していたり、頻繁にWebや雑誌などで取材も受けている人がいたとします。あなたは美容室にあったタブレットで見たWeb雑誌でこの片付けアドバイザーの人のことを知り、たまたまInstagramを見ていたらおすすめ（発見欄）に出てきたので、フォローします。

この場合、入り口（認知）は美容室にあったWeb雑誌になり、**この場合もInstagramでやることは認知活動ではなく、認知してもらったあとの宣伝としてのアカウント運用になります。**

例❸ お片付け教室をオンライン運営している無名片付けアドバイザー

お片付け教室をオンラインで運営していて、Instagramで集客している人がいたとします。この人の場合は、本も出版していませんし、雑誌などの取材を受けるような著名な立ち位置ではないため、Instagramを活用して、知ってもらうことが必要になってきます。

ですので、「入り口」をつくるための認知活動を、Instagramを使って行う必要があります。

このように「入り口（認知）」をどのプラットフォームで行うのかを考えておくことで、Instagramの運用の仕方が変わってくるのです。

逆に「入り口（認知）」をどこでつくるのかという問題をおざなりにして、闇雲にInstagram運用をしていても、思ったような結果には繋がりにくいということがわかります。

●インスタゴールの話

インスタゴールとは、どこまでの役割をInstagram内で行うかを決める、インスタの「出口」のことです。

こちらも3つの例をあげてお伝えします。

例❶ ハンドメイド作品をBaseを使って販売している場合

Baseとは商品カートの付いたネットショップの人気プラットフォームのことですが、ここに出品しているハンドメイド作品の販売にInstagramを利用している人の例です。

この場合、お客さまにハンドメイド作品を購入してもらうまでの一般的な導線は、

❶Instagramで作品を紹介
▼
❷商品リンクをタップ（Baseに誘導）
▼
❸Baseで詳細を閲覧
▼
❹購入ボタンをタップ
▼
❺購入完了

となります。

ということは、Instagramで行う役割は、❷の商品リンクをタップしてもらうまでになるので、**Instagramの出口（インスタゴール）は「Baseへの誘導」**ということになります。

例❷ 6ヶ月のビジネスコーチングを50万円で販売している場合

この場合、お客さまに購入してもらうまでの一般的な導線は、

❶Instagramフィード投稿の最後で無料プレゼントを紹介
▼
❷プロフィールのURLから公式LINE（メルマガ）に登録
▼
❸プレゼントを渡した後、セミナーなどでオファー
▼
❹Zoomで個別相談
▼
❺成約

という流れになります。

ということは、Instagramで行う役割は、プレゼントを紹介して、❷の「プロフィールのURLをタップしてもらう」までとなり、**「公式LINEへの登録」が出口（インスタゴール）**になります。

例❸ 自作のアクセサリーをインスタライブで販売する場合

この場合、お客さまに購入してもらうまでの一般的な導線は、

❶フィード投稿やストーリーズで作品の紹介
▼
❷ライブの告知
▼
❸ライブでセールス
▼
❹購入できる場所へ誘導
▼
❺購入

という流れになります。

ということは、Instagramで行う役割は、❹の購入できる場所へ誘導するまでになるので、**「購入場所への誘導」が出口（インスタゴール）**になります。

例❶、❷でも、外部のプラットフォームに誘導しているので一見同じように感じるかもしれませんが、アクセサリーを「購入する」という意

思決定をInstagramで行っている点が例❶、❷と違う点になります。

ですので、この場合、言い方を変えると**「購入の意思決定」がInstagramの出口（インスタゴール）**ということになります。

このように、購入してもらうまでの過程でInstagramでどこまでの役割を受け持つのかを明確にすることで、インスタ運用のやり方が変わってきます。

もう少し踏み込んだお話は、次の「07　現在地を把握し、目的地を設定する」で解説していきます。

07 現在地を把握し、目的地を設定する

どこにいて、どちらに進みたいのか？

ビジネスセミナーなどでは「成功するための3つの法則」として、「正しい知識を得ること」「行動すること」「継続すること」が大切だと言われますが、実は、行動をはじめる前にやっておくべき、重要なことがあります。

それは、「今の自分の位置（現在地）を把握すること」「どこへ向うのか、目的地（ゴール）を設定しておくこと」です。

言われてみると当たり前のことではありますが、「現在地の把握」と「目的地の設定」がぼんやりしている人は、少なくありません。

たとえば、あなたが行ったことのない土地で開催されるセミナーに参加するために地下鉄を利用したとします。地下から地上に上がったとき、まず、なにをする人が多いと思いますか？　おそらく、現在いる場所がどこなのか、そして向かう目的地はどの方向にあって、どのくらいの距離があるのかを調べる人が多いのではないでしょうか。

調べる手段は、「地上に出たところにある地図の看板を見る」「スマホのアプリで検索する」などいろいろあると思いますが、スマホのアプリで道順を検索するにしても、現在の位置情報を取得して、目的地の住所やビルの名前を入力して、道順を検索することでしょう。

「現在地の把握」と「目的地の設定」をしなければ、予定されている時間までに到着することは、特殊能力でもない限り不可能です。同じようにInstagramをビジネス活用していく上でも、地下鉄から地上の出口に出てきたときのような「現在地の把握」と「目的地の設定」がとても重

要なのです。

現在地＝「Instagram全体から考える今現在の立ち位置」、目的地＝「最終的に向かうゴール」と考えてください。

「ハッシュタグは◯個使ったほうがいい」「リールを使ったほうがいい」「基本は、毎日投稿がいい」という情報は、間違ってはいませんが、場当たり的な情報に過ぎないため、これらの情報だけを頼りに闇雲に進んでいっても、迷ってしまいます。

最初は迷いながらがんばって進んでいたとしても、時間の経過とともに体力は奪われ、疲弊してきて、「Instagramがトラウマ」なんてことにもなりかねませんので、「現在地の把握」と「目的地の設定」は、必ずしていきましょう。

●認知から購入に至るまでの「道順」

見込みのお客さまにあなたの商品（サービス）を知ってもらってから、購入してもらうまでには、必ず通る道順があります。

以下のようなものです。

❶認知……お客さまにあなたの存在を知ってもらうこと
▼
❷共感・ファン化……価値を提供して、あなたの考えや思い、やっていることに共鳴してもらうこと
▼
❸教育……見込みのお客さまにあなたの販売するサービスの価値を理解してもらい、必要性を感じてもらうこと
▼
❹販売（成約）……購入してもらい、お金をいただくこと（決済してもらうこと）
▼
❺拡散・口コミ……あなたのサービスをほかの人におすすめしてもらうこと

詳細はP58～「10　認知、共感・ファン化～」で解説します。

08 Instagramで覚えておくアルゴリズムは2つだけ

Instagramの全体像とは?

こんなお悩みはありませんか?

- **なかなかフォロワーが増えない**
- **毎日投稿しているのに伸びない**
- **後から始めた人のほうが調子いい**

Instagramは人気のSNSですし、無料ではじめられるゆえに、正しいノウハウがいまだに確立されていないという事実があります。

しかし、本質的に変わらない部分があります。それは、SNSであるということ。**それから、ルール(アルゴリズム)があることです**。

以下の図をご覧ください。

fig. インスタビジネスの全体像

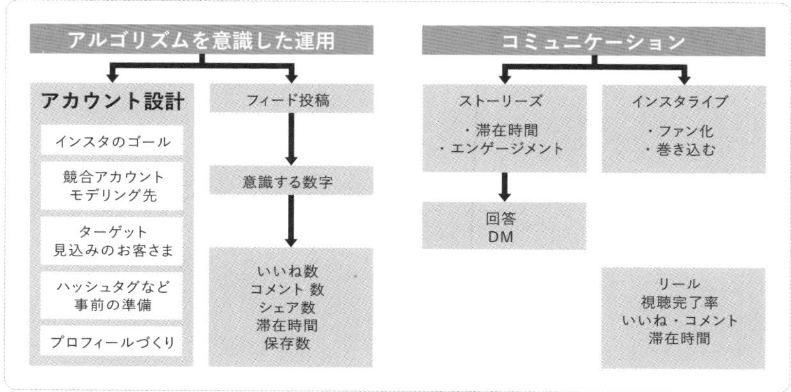

Instagramの全体像は、「ルール（アルゴリズム）の理解」「コミュニケーションを取っていくこと」の2つが大切なポイントになってきます。

そもそも、SNSというのは、決められた空間の中で相互間でコミュニケーションを取っていくことを目的としてつくられています。そして、Instagramの収入源は広告費であるため、Instagramの利益に貢献するユーザーを見極めるためにルールを設けています。そのルールがアルゴリズムだと考えてみてください。

ですので、「アルゴリズム（ルール）を意識して運用」しつつ、「コミュニケーションを取っていく」ということが、Instagramをビジネスで活用していくためには大前提になります。

そして、アルゴリズムを意識して、アカウント設計を行います。

本書でこれからお伝えしていきますが、アカウント設定の段取りは、大まかに以下のようなものになります。

❶インスタでのゴールを決める
▼
❷同ジャンルの競合アカウントを知る
▼
❸見本になるモデリング先を見つける
▼
❹ターゲット（見込みのお客さま）のことを深掘りする
▼
❺ハッシュタグなどをあらかじめ準備する
▼
❻プロフィールを考える
▼
❼AIが味方になりやすいアカウントに仕上げる

ここまでの段階を踏んでから投稿していくことで、AIからの判断により「おすすめ」に載せてもらいやすくなり、かつ共感を集めやすい形でアカウント運用を始めることができます。

そして、ストーリーズやインスタライブも活用していくことで、ファン化を進めて、「あなたと話したい」「あなたに会いたい」「あなたから買いたい」という見込みのお客さまから求められる存在になっていきます。

また、全体像としては、最大90秒のショート動画を作成できる「リール」機能は、少し離れたところに置いて設計しています。

これはいろいろな考え方がありますが、ショート動画を活用できるリールは、やり方次第ではバズらせやすい機能を備えています。しかし、バズらせやすいということは、あなたの理想のお客さま以外にも拡散しやすいということになるので、あなたの発信内容にはあまり興味のないユーザーまで集めてきてしまうことになるのです。

すると、フォロワー数は増えたとしても「いいね」や保存、コメントなどの反応が悪いアカウントができあがってしまい、Instagramからの評価も下がってしまう原因にもなるのです。こうなると本末転倒になってしまうため、しっかりアカウント設計をして、ファン化する流れまでつくった段階になってから初めて、リールに手を出していくことを個人的にはおすすめしています。

改めてまとめましょう。

Instagramの全体像のまとめ

❶アルゴリズムを意識してアカウント設計をする

❷InstagramのAIが味方になる形を作る

❸ファン化するコミュニケーションを確立する

❹必要ならリールも活用

そして、覚えておくアルゴリズムとは、

- **シグナル**
- **シードアカウント**

この2つだけです。

シグナルとは？

あなたが運用しているInstagramのアカウントが「何に興味をもっていて」「どんな行動をしているのか？」これらの情報は、InstagramのAIに信号で送られています。**この信号のことをシグナルといいます。**

あなたのアカウントは自動的に、「あなたが見ているコンテンツへの関心度の高さ」「あなたが見ているアカウントとの繋がり度の高さ」をシグナルで送っていることになります。そして、InstagramのAIは、送られてきたシグナルから判断（計算）して、あなたの見込みのお客さまへ、あなたの投稿をおすすめしてくれるという仕組みです。

つまり、あなたがInstagramからの評価が高い投稿をすれば、あなたに興味のあるであろうユーザーを想定して、おすすめ欄（発見欄やホームのタイムラインなど）に露出してくれるということです。

なぜInstagramのAIがこういうことをするのかというと、あなたのアカウントが他のユーザーにとって価値があるならば広くおすすめして、他のユーザーがInstagramを利用する時間を増やしたいからです。そして、Instagramの収入源である広告を表示させる可能性を広げたいからなのです。

なぜ、シグナルが大切なのか？

あなたが見込みのお客さまにとってとてもいい投稿をしたとしても、InstagramのAIに正しいシグナルが送られていない状態だと、AIはどのユーザーにあなたの投稿をおすすめしていいのか判断（計算）できません。

たとえば、ハンドメイドアクセサリーをInstagramで販売したい人がいたとします。その人のつくるアクセサリーは、だれが見てもほしいというようなかわいくて、お手頃な商品です。この人は、自分の作品をとてもキレイに写真を撮り、Instagramに投稿しています。

ですが、ここでInstagramのAIにシグナルが正しく送られていなかったらどうなるでしょうか？

このハンドメイド作家の人は、投稿は頻繁にしていますが、同時に以下のような行動もとっています。

- 頻繁にダイエット情報や美容情報を保存
- 猫が好きなので小動物系のリールを保存
- 情報収集のためビジネス系を保存
- 子どもの部活のためにサッカー系もフォロー
- 高校の同級生など友人・知人をフォロー

前述したように、シグナルで送られる情報は、「この人が見ているコンテンツへの関心度の高さ」「この人が見ているアカウントとの繋がり度の高さ」です。InstagramのAIからこの人のアカウントを見ると、「ハンドメイドに関心あるみたいだけど、美容情報や猫、ビジネスにも関心があって、サッカー、各種の知人属性と繋がりがある」と判断されることになります。

ということは、「このハンドメイド作家は、どんなことに関心をもっているのか」ということを、AIが判断できなくなってしまうのです。

プライベートとしてInstagramを使うのでしたらいいかもしれませんが、ハンドメイド作品を販売したいというビジネス活用を考えているのなら、もったいないことが起こっていることになります。

AIに送られているシグナル

InstagramのAIに送られているシグナルの情報は、以下のようなものです。

・どんなプロフィールなのか？……プロフィール名、説明欄
・どんな内容を投稿しているか？
　　　……使用している画像など、キャプション内容
・どんなハッシュタグを使っているか？
・どんな人をフォローしているか？
・どんな投稿に「いいね」「保存」しているか？
・どんな投稿に「コメント」「シェア」しているか？
・どんな人や投稿を普段見ているか？
・ログインしている時間帯や合計時間
・投稿インサイトのデータ
・どんな人とDMをしているか？
・ストーリーズやリール、ライブへのリアクション
・位置情報など

これらの情報が送られて、AIは記録しています。

こんなふうに考えてみよう！❶

シグナルを正しく送るのは、あなたのアカウントがどんなことに関心があって、どんな人と繋がっているのかをAIに覚えてもらい、あなたがInstagramにとって良いことをすれば、そのお礼として見込みのお客さまにあなたのことをおすすめしてくれるようにするためです。

したがって、「AIは友達」「シグナルは自己紹介」と考えてみるといいでしょう。

シードアカウントとは？

シードアカウントとは、まだあなたのフォロワーではないけれど投稿にリアクションをしてくれたアカウントのことで、未来のフォロワーになる種のことです。

AIを開発しているエンジニアのFacebook（現Meta）公式のブログには、「シード（種・たね）アカウントという区分がある」「InstagramのAIがシードアカウントから、類似アカウントを見つける能力がとても高い」「InstagramのAIが投稿のテキストデータ、画像データ、数値（インサイト）を頻繁に見ている」といったことが書かれています。

たとえば、料理情報の発信をしているアカウントがあったとします。このアカウントは、正しくシグナルが送られているので、InstagramのAIからは料理のジャンルだということは記憶されています。

順を追って解説していきます。右ページの図をご覧ください。

まず「#アボカド」とハッシュタグを付けて投稿します（❶）。すると、「#アボカド」のハッシュタグ検索に表示されます（❷）。

それをAさん、Bさん、Cさん、Dさん、Eさん、5人のユーザーが一覧で見て、Aさん、Bさん、Cさんがタップしたとします（❸）。すると、Aさん、Bさん、Cさんは、お料理発信しているアカウントから見て、シードアカウントという区分に分類されます（❹）。

ここでInstagramのAIは、Aさん、Bさん、Cさんに類似している数万アカウントを選出します（❺）。

そして、お料理の投稿にコミュニティガイドラインや規約違反がないか、エンゲージ（反応）などが軽く審査されます（❻）。審査に通過すると、Aさん、Bさん、Cさんに類似しているアカウントの各発見欄でおすすめされる表示候補の500位以内に入ります（❼）。

さらに詳細な審査が3回繰り返されて、審査に通ると500位から、25

fig. シードアカウントとInstagramアルゴリズム

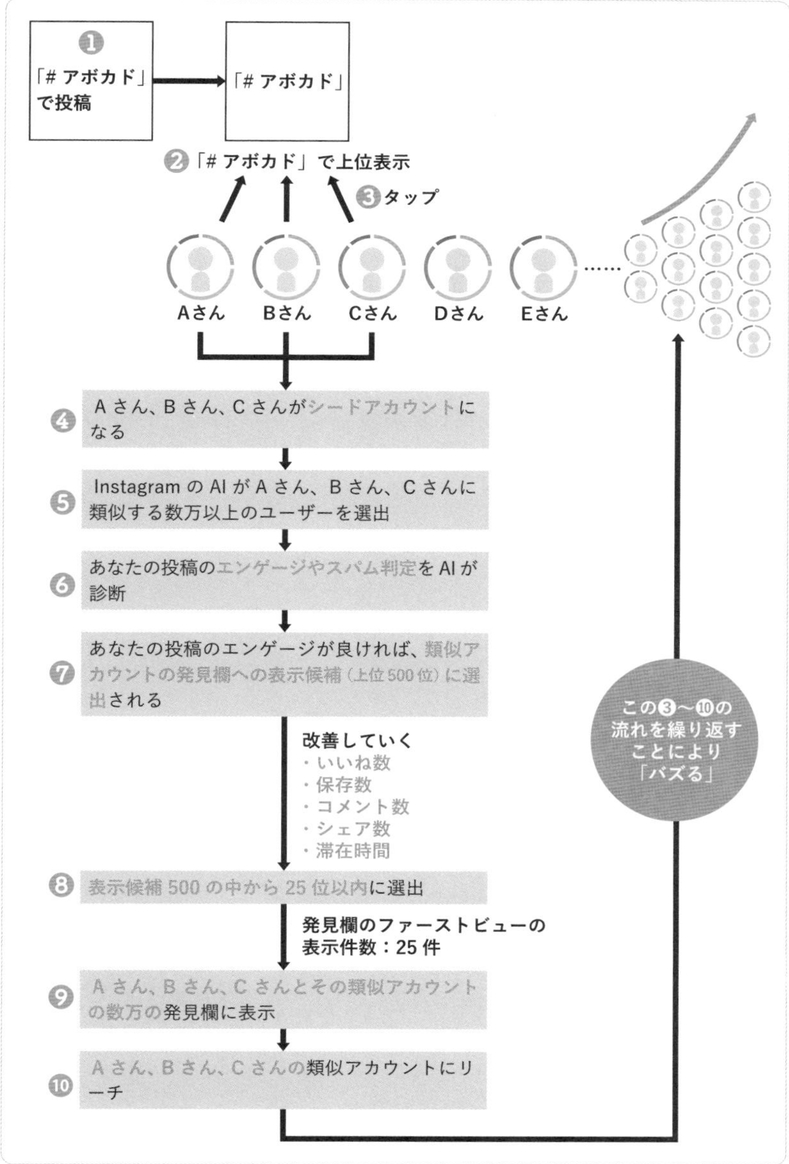

位以内に入ります（❽）。ここでは、インサイトのデータ（いいね、保存、コメント、シェア）や滞在時間が審査の基準になります。

ここでポイントになるのが、発見欄に表示される候補として最初に選出される数が25件だということです。ということは、❽の審査に通ると、発見欄の表示候補の一番最初のグループに選ばれるということになります。

すると、Aさん、Bさん、Cさんに類似していて、あなたに関心がありそうなアカウント（見込みのお客さま）の発見欄に表示される最初のグループができあがり（❾）、まだフォロワーになっていないユーザーに見てもらえる確立が格段に上がります。

そしてAさん、Bさん、Cさんに類似していて、あなたに関心がありそうなアカウント（見込みのお客さま）がタップして、シードアカウントに分類されることになります（❿）。

この❸〜❿の流れを繰り返すことにより、「バズる」現象が起こります。

以下は、ぼくのアカウントがはじめてバズったときのグラフです。

fig. バズったときのフォロワー数の推移

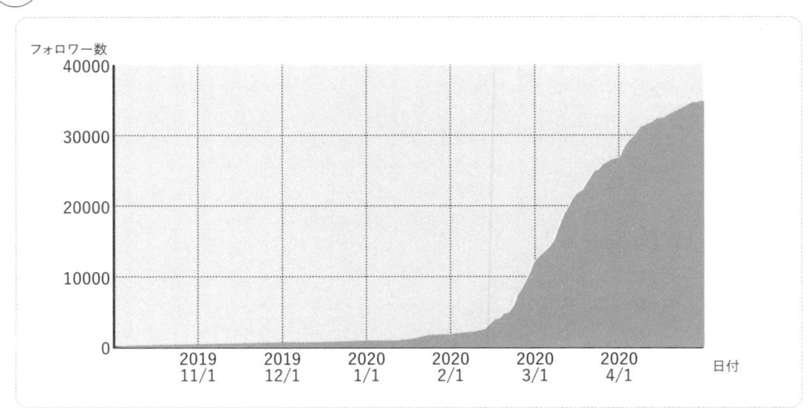

2019年9月29日から運用を開始したアカウントになりますが、2020年1月末くらいまでは、それほどフォロワーさんは増えていません。しかし、このときは、シードアカウントがどんどん増えている状態になっています。

このシードアカウントが増えていく状態のときに投稿をどんどんブラッシュアップしていき、「いいね」や保存がもらえるようになってきた投稿が続いたところで、一気に発見欄からおすすめされるようになりました。

無理にバズらせなくてもいい？

実をいうと、たとえフォロワーさんが増えていなくても、インサイトの中のリーチという項目が少しずつ増えていれば、バズらさなくてもさほど問題はありません。

InstagramのAIに正しくシグナルが送られていれば、見込みのお客さまに露出しているということになるので、AIを味方にするという最初の目的は果たせています。

ただし、フォロワー増加や結果に出ていないということは、投稿している内容が見込みのお客さまに刺さっていないか、伝わっていないということになります。その場合は、投稿内容をブラッシュアップしていけば、時間の経過とともに結果に繋がるようになってきます。

ここで焦って、場当たり的な手法をやってしまうと、結果的にシグナルがズレてしまって、見込みのお客さまに露出しなくなるので、**「ちゃんと見てもらっていけれど、まだ目立った反応がないだけ」ということを受け止めて、投稿内容をブラッシュアップしていきましょう**。

こんな風に考えてみよう！❷

リーチ（露出）が増えていくということは、Instagramがシードアカウントに類似しているアカウントに、あなたのことを紹介してくれているということです。

前述したようにあなたとAIが「友達」だとすると、シードアカウントもAIを介した「友達」、類似アカウントも「友達」ということになります。

友達がたくさんいる「インスタAIくん」に自己紹介（シグナルを送る）しておくと、良い投稿をすれば、あなたと仲良くなれそうな友だちを紹介してくれるということですね。

fig.「インスタAIくん」イメージ図（イラスト：著者）

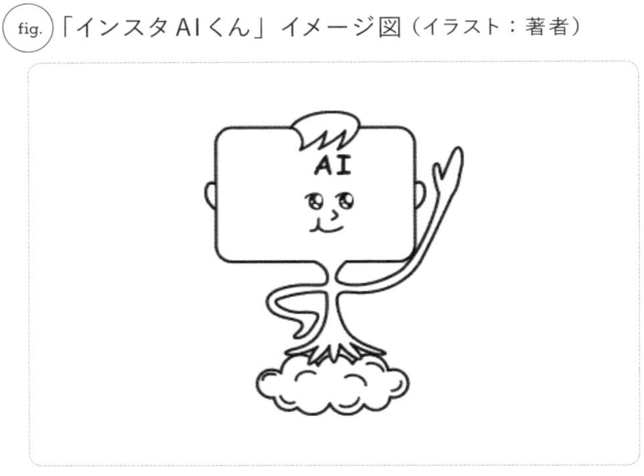

09 アルゴリズムを意識した運用、意識しない運用

アルゴリズムを理解していない人の特徴

　Instagramのアルゴリズムは、本書を読み進めている方でしたら、難しいものではないことは、ご理解いただいていると思います。

　ですが、アルゴリズムを理解していないと、どのような運用になってしまうのか？　あなたの周りにもインスタで困っている方がいると思うので、ここでお伝えすることをこっそり教えてあげてください。

❶ ノウハウを買い漁っている

　ノウハウというのは、その場しのぎの小技に過ぎません。ですので、一時的にフォロワーさんが増えたり、成果が出たりということがあるかもしれませんが、ずっと続くことはありません。アルゴリズムの配点は少しずつ変化したり、時代と共に仕様が変更になったりすることがよくあります。ですが、アルゴリズムの概念的な部分は変わらないので、基本的な部分を理解していれば、即時に対応していくことができます。**逆にノウハウだけに頼っていると変更があったときにスランプに陥り、なぜそんな状況になってしまったのか理解できなくなってしまうでしょう。**

❷ 効率にこだわってツールに頼っている

　ぼくは今まで3つのInstagram専用のツール開発に情報提供してきたのですが、それでわかったのは、ツールに頼って安心していると、いつの間にか新しい情報から置いて行かれてしまうということです。

ツールは、作業効率を上げるためには、たしかに有効です。開発に関わらせてもらったツールでも、数時間かかけてまとめていたことが一瞬でできてしまったり、毎日1時間かけていた情報を自動で収集して、あとから一目でわかる表にしてくれたりします。

ですが、最初からツールに頼ってしまうと、ツールで得られる情報を生かすことができません。自分でしっかりリサーチして、予測を立てて検証した経験があるからこそ、ツールから得られるデータを見て、運用に生かすことができるのです。

③ 評判のいいサロンがあれば入会する

Instagramの情報を得るために月額制のサロンやコミュニティに入会することは、素敵なことだと思います。しかし、実際に実行して、得られた結果を元に自分で考えていかなければ、思ったような結果につながっていくことはありません。

厳しい言葉になってしまいますが、言われたことをただ再現して繰り返したとしても、点と点が線になることはありません。逆に、やることが増えているのに結果が出にくくなってしまうような、悪循環に突入してしまいます。そうなると、疲弊してしまい、最終的には「Instagramが嫌い」になってしまいます。嫌いなのに「ビジネスに必要だから」と続けていかなければならないって、辛すぎると思いませんか？

このような状態になると、代行業者や外注さんに頼ろうとします。しかし、残念ながら、運よくいい業者さんに当たったとしても、ちゃんとした指示を出すことができるようになっていないので、費用対効果が合わなくなり、さらに悪循環に陥ることになります。

以前、代行業者に依頼して3ヶ月になるという会社のデータを見せてもらったことがありますが、データから判断すると、社長さんのやりたい方向性と代行業者が行ってきた内容が合っておらず、フォロワーさんが増えても売り上げにつながらないことが予想されたため、失礼ながらアカウントの作り直しをご提案したことがあります。契約的には、残り3か月分の代行料を支払わなければならず、社長さんとしても、代行業者としても、残念な結果になってしまいました。

もしも、最初に社長さんがアルゴリズムのことを理解していたとしたら、残念な結果になっていなかったと思いますし、もしかしたら、その代行業者に依頼をしていなかったかもしれませんね。

●アルゴリズムを理解している人は……

「シグナル」と「シードアカウント」を意識して運用していくことは、慣れないうちは窮屈さを感じるかもしれません。

また、SNSの特徴として、アカウントのパワー（エンゲージメント）が高まるまでは時間がかかるため、最初は苦労することがあると思いますが、一度わかってしまえば、自力でPDCA（計画→実行→測定・確認→対策・改善のサイクル）を回していくことができるようになってきます。

最初は、アルゴリズムのことを考えながら運用するので、少々、時間がかかってしまうこともあると思います。この点は、プライベートでInstagramを使うのではなく、ビジネスとして活用していくのであれば、乗り越えてほしいハードルです。

たとえば、サッカーでどんなにフォーメーションや戦術を学んだとしても、思ったところにパスを出したり、ドリブルするという基礎的なことができなければ、試合で活躍することができないどころか、試合にすら出してもらえないでしょう。バスケットボールなら、ボールを見ないでドリブルができなければ、ボールをゴールまで運ぶことはできないし、『ドラゴンクエスト』なら呪文の名前と効果や武器の特性がわからなければラスボスまでたどり着けません。

アルゴリズムを意識した運用ができるようになれば、PDCAを回すことができるので、必要のないノウハウを取り入れる必要はないし、自然とInstagramのAIから好かれるアカウントになっていきます。

また、運用がうまくいき、代行業者や外注さんに依頼する段階になっても、的確な指示を出すことができるので、代行業者のパフォーマンスも上がり、業者さんも良い実績をつくれることと思います。

業者さんを選ぶ時にも、良し悪しがわかるので、アカウントの方向性と合わない業者さんを選んでしまうこともなくなるでしょう。

fig. アルゴリズムを理解していない人と理解している人の違い

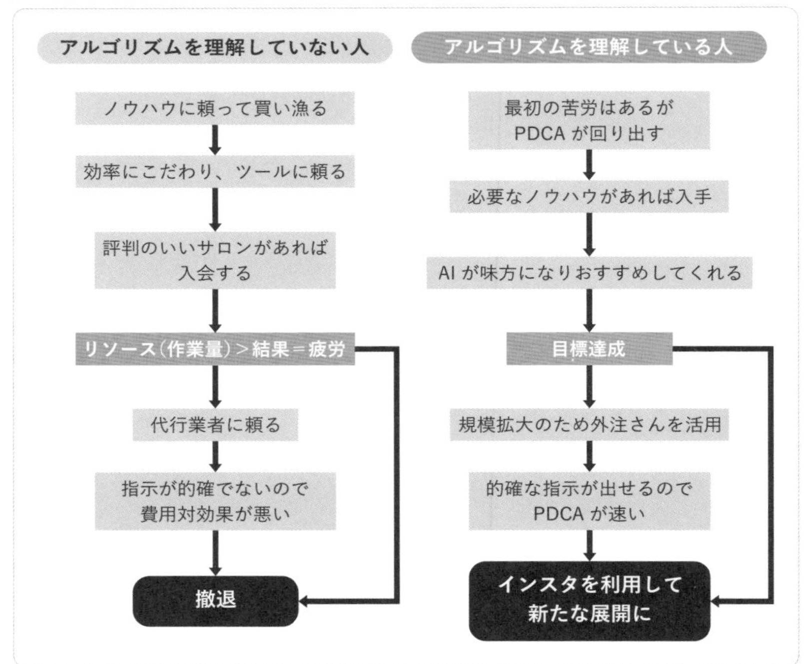

Chapter 2

Step1

～Instagramの入り口と出口～

ここからはいよいよ、具体的なインスタアカウントづくりの方法についてお話していきます。アカウント設計には時系列にそって明確な目的が必要になり、それぞれの目的に合わせたフェーズを踏んでいくことになります。つまりインスタの「入り口」と「出口」について理解しておくことが大切になります。

10 認知、共感・ファン化、教育、販売（成約）、拡散・口コミ

「認知」「共感・ファン化」「教育」「販売（成約）」「拡散・口コミ」とは？

Chapter2からは、実際にアカウント設計をしていくSTEPに入っていきます。アカウント設計は、STEP1～5まであり、順序通りに進めていくことで、最終的にInstagramのAIが味方になってくれるようなプロフィールづくりや、見込みのお客さまに刺さる発信のヒントが生まれてくるので、心配せずに一緒に歩いていきましょう。

まず、STEP1で進めていくことは、「Instagramで行う役割を決めること」「同ジャンルのアカウント（競合アカウント）を調べること」の2つです。

P41でご説明したように、**インスタビジネスの中には、「認知」「共感・ファン化」「教育」「販売（成約）」「拡散・口コミ」という5つの役割があります。**

この5つの役割をあらかじめ決めておくことで、スランプに陥ったときやさらに拡大させたいときなど、どこに力を入れていったら目的を達成ができるのか？　そのときの状況を客観的に判断することができます。

①「認知」について

「認知」は、あなたのことを知ってもらうフェーズです。

まずはあなたのことを知ってもらわなければ、どんなにすばらしいサービスをやっていたとしても、誰もいない砂漠の中で、商売をしている

ようなものです。知ってもらうため、メインの手段としてInstagramを使うかどうかを決めていきましょう。

たとえば、すでに「広告」を回していたり、新聞や雑誌に取り上げてもらうためにメディアにアプローチ（PR活動）をしているのであれば、認知は「広告」や「PR活動」になります。

その場合、広告やPR活動で認知してくれた見込みのお客さまの受け皿としてInstagramを活用したほうが実際のお客さまになってもらいやすいでしょう。あなたのことをまだ知らない人たちにあなたの存在を気付いてもらう認知活動をInstagramで行うかどうか、まずは考えてみましょう（無料集客をしていてInstagramを活用している場合は、認知はInstagramで行うことになります）。

②「共感・ファン化」について

「共感・ファン化」とは、あなたの仕事に対する想いや考え方、ライフスタイルを読者に伝えて、見込みのお客さまから選ばれる、さらには求められる存在になっていくことを指します。お客さまとの距離を縮めて、信頼関係を構築していく大切なフェーズになります。

現代は、10年前では考えられないくらい通信速度が超高速化され、Web上に情報が溢れていることで、たくさんの専門家が生まれました。また、AIの著しい進化で、何か質問を投げかければ簡単に答えが返ってくる時代になり、今後さらにAIは進化していくことは明らかです。

つまり、ありきたりな「お役立ち情報」「悩み解決」「お得情報」だけでは、選ばれることはむずかしい時代になったということです。そんな状況の中から、あなたと話したい、あなたに会ってみたい、あなたから買いたいと思ってもらえるような信頼関係の入口を築いていくことが重要です。

Instagramは成長期のSNS（2023年10月現在）なので、安定期のXや

YouTubeとは違い、今から始めても、すでに活躍している上位ユーザーと同じ土俵に立つことができます。使用しているユーザー層も女性の割合が多く、ほかのSNSに比べて共感してもらいやすいため、共感・ファン化を意識して発信していきましょう。

「認知」「共感・ファン化」でよく使われるもの

- テレビ、新聞、雑誌、WEBなどへのPR活動
- GoogleやYahooなどの検索エンジンの対策
- インスタ広告やFacebook広告、Yahoo、Googleなどの広告
- 口コミや紹介などのリアル活動
- InstagramをはじめとするSNS

③「教育」について

「教育」ステップは、見込みのお客さまにあなたのサービスの必要性を感じてもらうフェーズです。「共感・ファン化」で信頼関係を構築した上で、見込みのお客さまの人生にあなたのサービスが必要だと認められて、「あなたから買いたい」と言ってもらうフェーズになります。

このフェーズで大切なのは、サービスを売ることではなく、見込みのお客さまがあなたのサービスを購入しなかったら、お客さまにはどんな未来（幸せ、もしくは不幸）が待っているのか、それを言葉にしていくことです。

ぼくは、ビジネスをする目的は、お客さまをより良い未来に導くことだと考えています。もしも、あなたのサービスがお客さまをより良い未来に連れていくものだとしたら、見込みのお客さまがあなたのサービスを購入しなかったとしたら、幸せになるチャンスを失ってしまうことになりますよね。

ですが、その見込みのお客さまは、あなたのサービスが、ご自身の人生をどうより良くしてくれるのかをわかっていません。ですので、お客さまの人生があなたのサービスを利用することでどのように良くなっていくのかを、サービスの価値として伝えていきます。

ただし、求められていなければ、どんなに価値を提供しても、お客さまからしてみると押し売りをされているように感じてしまいます。お客さまが望んでいる未来を叶えるために、あなたのサービスがなぜ必要なのかを「共感・ファン化」フェーズでの信頼関係を築いた上で「教育」のフェーズで伝えていきます。

「教育」でよく使われるもの

- **HPやLP（ランディングページ）**
- **LINE公式やメルマガ**
- **Instagramの非公開アカウント（鍵垢）**

❹「販売（成約）」について

「販売（成約）」とは、あなたが提供するサービスの価値の対価として、お金をいただくフェーズです。

本書は、営業やクロージングトークの本ではないため詳しくは触れませんが、「共感・ファン化」フェーズで信頼関係が築けていて、「教育」フェーズで価値をわかってもらっていれば、高額なサービスだったとしても、購入してもらえるでしょう。

なぜかというと「あなたから買いたい」と思ってもらえる関係性が構築されているからです。逆に言うと、「販売（成約）」のフェーズで価値や必要性を感じてもらおうと必死でがんばっても、すでに遅いということです。

「販売（成約）」のフェーズでは、提供するサービス内容を確認してもらい、お支払い方法などをお伝えしていくことになります。「共感・ファン化」で信頼関係が構築されていて、「教育」であなたのサービスがなぜ必要なのかがお客さまに伝わっていれば、「あなたから買いたい」と言ってもらえるでしょう。

❺「拡散・口コミ」とは？

あなたのサービスを利用することでより良い未来に行くことができたお客さまは、あなたのサービスのことを誰かに言いたくてたまらなくなります。これが「拡散・口コミ」のフェーズです。

Instagramの手法としては「メンション（@）を付けて投稿してもらう」「シェアしてもらう」「お客さまの声をもらって紹介する」など、たくさんのやり方がありますが、ポイントは、あなたが提供するサービスで「より良い未来になる」という点です。そしてお客さまを「さらに、より良い未来」に導くことで、満足度の器を溢れさせてあげましょう。

準備しておくものとしては、お客さまの声を収集するアンケートなどが挙げられます。「お客さまの声がほしい！」と思ったときから集めると回答をもらうまでに時間がかかったり、中には回答を忘れてしまうお客さまもいるので、事前にテンプレート化したアンケートを用意しておきましょう。Googleフォームなどで簡単につくれるので、作成後にPCやスマホに保存して、URLをすぐに教えられるようにしておきます。

一般的なアンケートのテンプレ

- お名前
- メールアドレス
- サービスを購入した理由
- サービスを利用する前はどうだったか？
- サービスを利用してみてどう変わったか？

・サービス購入を検討している人たちに一言
（※あなたのサービスに合わせてカスタマイズしてみてください。）

Instagramで行う役割を確認しておこう！

「認知」「共感・ファン化」「教育」「販売（成約）」「拡散・口コミ」の役割を、具体的にどのメディアで行うのか？

下の表に書きだして、Instagramでどの役割を担うのかも含めて確認しておきましょう。

認知	
共感・ファン化	
教育	
販売（成約）	
拡散・口コミ	

例）認知「インスタ」、共感・ファン化「インスタ」、教育「公式LINE＞インスタ」、販売（成約）「公式LINE、Zoom」、拡散・口コミ「インスタ＞公式LINE＞Facebook

11 インスタビジネスのゴールはどこ？

インスタゴールとは？

前項でお伝えした通り、インスタビジネスを考えていくときには、「認知」「共感・ファン化」「教育」「販売（成約）」「拡散・口コミ」をInstagram上でどこまでやるのかを見極めることが重要になってきます。結果につながらない理由がInstagramではないのに、Instagramの精度をがんばって上げても、作業に見合った成果は生み出せないからです。

わかりやすいように「片付けアドバイザー」の例で仮説を立てて解説していきます。少し数字の話が出てきますが、苦手な方もがんばって読み進めてみてください。

例）片付けアドバイザー

- サービス内容：オンラインで片付けの考え方や方法を指導
- サービス価格：10万円
- 提供期間：3ヶ月
- 売上目標：20万円／月（2人の新規購入）

fig. 片付けアドバイザーのビジネス・フェーズ

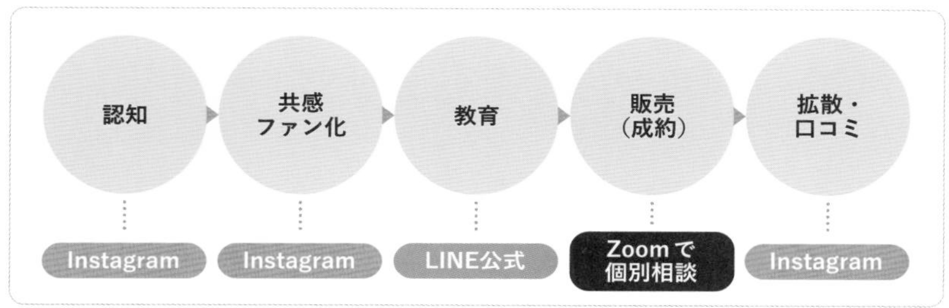

このような場合、「拡散・口コミ」は置いておいて、Instagramでの役割は、「教育」フェーズの公式LINEに誘導するまで、ということになります。ですので、Instagramでのゴール（インスタゴール）は、「LINE公式の登録数」ということになります。

ここで仮説を立てます。

- InstagramからLINE公式へ登録→30人／月
- LINE公式登録者は、5％が個別相談に申し込む
- 個別相談をすると30％の人が実際に購入してくれる

これを計算すると、

- 30人×5％＝1.5人の人が個別相談に申し込んでくれる
- 1.5人×30％＝0.45人の人が購入してくれる

となるので、購入してくれる人が1人以上にならなくなり、売上の目である20万円／月を達成することはできません。

この状況をInstagramだけで改善しようとすると、

- 2人÷30％÷5％＝133.3人

となります。毎月133人のフォロワーをLINE公式に誘導しなければ、

毎月の売上目標を達成することはできないということになり、アカウントのパワーが低い状態では、ハードルの高いことになります。

ですので、Instagram以外の「教育：LINE公式」「販売（成約）：個別相談」を改善することができないか？ということに目を向けてみます。

一般的な数字になりますが、「個別相談への申し込み率は10～30％」「個別相談の成約率は50％」と言われているので、この数字を当てはめてみます。申込み率は申し込み率を20％と仮定して進めていきます。

- **LINE公式登録者は、20％が個別相談に申し込む。**
- **個別相談をすると30％の人が実際に購入してくれる。**

こうなると、30人×20％＝6人の人が個別相談に申し込んでくれて、6人×30％＝1.8人の人が購入してくれることになります。

毎月の売上目標はまだ達成していませんが、目標を達成できる兆しが見えてきました。

次に個別相談の成約率を一般的な50％にしてみます。

- **申込み率：20％**
- **成約率：50％**

これだと、30人×20％＝6人の人が個別相談に申し込んでくれて、6人×50％＝3人の人が購入してくれることになります。

すると、どうでしょう？　毎月の売上目標は2人（20万円）なのに3人（30万円）と目標額を超えることができました。

したがって、上記の例の場合、インスタゴールは、「LINE公式の登録数：30人／月」のままでいいのです。

この片付けアドバイザーが売上目標を達成するためには、Instagram

でがんばるのではなく、「LINE公式での教育を見直すことで、個別相談への申し込み率を改善」することが必要になります。

それができたら、個別相談のトークスクリプトを見直して、成約率を改善していくほうが、Instagramを改善していくことよりも、はるかにハードルが下がるといえるでしょう。

このようにInstagramでのゴール（インスタゴール）を決めておくことで、「課題がInstagramにあるのか」「もしくは、『教育』フェーズの公式LINEにあるのか」「『販売（成約）』の個別相談のやり方に問題があるのか」ということがわかってきます。

闇雲に進めても、どこをどう改善したらいいのか迷路に入ってしまうだけなので、「認知」「共感・ファン化」「教育」「販売（成約）」「拡散・口コミ」の役割をどういうメディアで果たすのかを見極め、さらに、Instagramのゴール（インスタゴール）をあらかじめ決めておきましょう。

競合調査は2段階に分けてやってみよう！

●インスタビジネスはリサーチが９割

どんなに優れたノウハウを知っていたとしても、インスタビジネスで結果を出し続けていくためには、競合アカウントなどのリサーチが大切になってきます。

しかし、頭ではわかっていても「リサーチってむずかしい」というイメージは強いと思います。ですので、ここでは、競合のアカウントのリサーチ方法を２段階に分けて、だれにでもできる形式でお伝えします。

同ジャンルの競合調査をすることで、「同ジャンルの人がどんな投稿をしているのか」「どういう投稿がInstagramの評価が高いのか？」「どういう投稿がInstagramの評価が低いのか？」といったことが、感覚的に掴めるようになってきます。

このリサーチ癖がついてくると、Instagramに限らず、いろいろなシーンで応用して活用していくことができるので、以下に紹介する２段階の方法で競合調査を進めてみてください。

●競合調査【１段階目】

１段階目でやるべきことは、機械的に競合アカウントのデータを増やしていくことです。

データを取るのは、

- **プロフィール名**
- **アカウントID（もしくは、URL）**
- **第一印象の5段階評価**

この3つだけです。

データは、エクセルやGoogleのスプレッドシートに記録していくのがいいでしょう。PCで行うとコピー＆ペーストが早いので、PCでの作業をおすすめします。

fig. **データはエクセルに記録していく**

テンプレートを本書の最後（243ページ）に、読者プレゼントとしてご用意しましたので、そちらからダウンロードしてご活用ください。

データの取り方

まずは、競合すると思しきアカウントの「プロフィール名」と「アカウントID（もしくは、URL）」をを表にコピー＆ペーストします。

そして、★5段階の評価を付けます。評価をするときに見るポイントは、「アイコン」「プロフィール名」「フォロワーとフォロー数のバランス」「プロフィール画面の第一印象」の4点で、第一印象で評価します。

参考までにぼくの評価の基準は、以下のようなものになります。

第一印象の★5段階評価

★★★★★……すぐに参考にしたい、取り入れたい、マネしたいと思ったアカウント

★★★★……すぐにではないが、参考にしたい、取り入れたい、マネしたいと思ったアカウント

★★★……参考にしたり、真似したほうがいいかなぁと迷ったアカウント

★★……他にいいのがなければ参考するアカウント

★……参考にしないアカウント

この★5段階評価をしておくことで、2段階目で後から見返すときに、★★★★★をつけたアカウントから見返すことができます。

★★★～★のデータを取るのが余計な気がするかもしれませんが、どういうアカウントが伸びていないのかということを肌感覚に入れておくことも運用を進めていく上で大切なので、見つけたアカウントはすべて記録するようにしてください。

ポイントは、あまり深く考えずコピー&ペースト、そして直感で評価、これを機械的に行うことです。慣れてくれば、1アカウントをシートに追加するのに30秒ほどしかかからなくなるので、試してみてください。

大切なのは、「大量のアカウントを見ることで、あなたのビジネスのInstagram内での傾向を肌感覚に入れること」「あとから見返せるようにアカウントID（もしくは、URL）の記録を忘れないこと」「第一印象の評価に時間をかけないこと」という3点です。

これは、毎日やるということではなく、まず1～2時間くらい時間を取って機械的にやってみてください。50～100アカウントくらい見ると、いろいろわかってくることがあるはずです。

同ジャンルのアカウントの見つけ方

例）片付けアドバイザーの場合

① 検索されそうなキーワードでハッシュタグ検索してみて、上位に表示されているアカウントから見て、記録していく

（ハッシュタグの例：片付け、整理整頓、整理収納、断捨離など）

PCで見ると「いいね数」「コメント数」が確認できるので、上位に表示されるアカウントからクリックして、記録していきます。

② 「おすすめ」を表示するボタンをクリックして、表示されたアカウントを記録していく

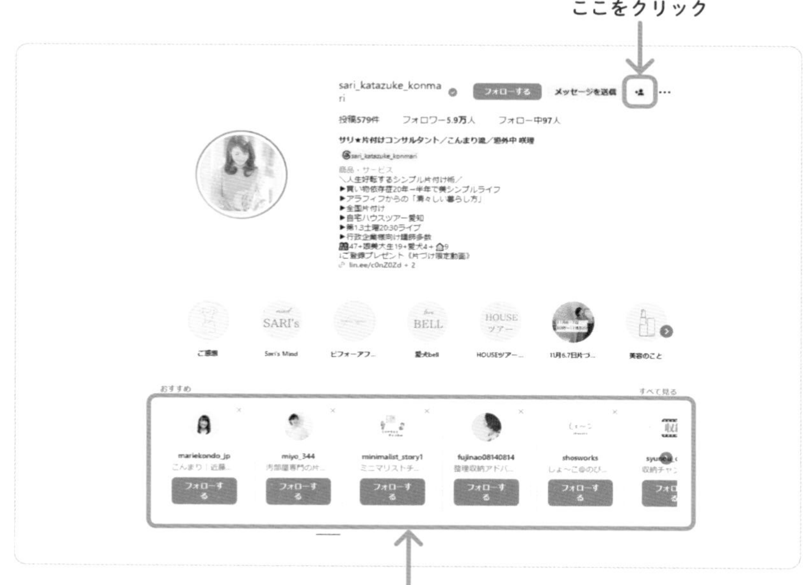

おすすめに出てくるアカウントを確認

このようにして、おすすめされたアカウントから、さらにおすすめされるアカウントといった流れで見ていきます。

③ ホームのタイムラインに出てくるアカウントを記録していく

ホームに表示される投稿は、フォローしているアカウントの投稿と、あなたにおすすめされるアカウントの投稿で構成されます。

この中でも、投稿時間の古いものを記録していきます（Instagramは基本的に新しい投稿が表示されやすい仕様になっているのですが、新しいアカウント

の中で時間がたっても表示される投稿というのは、AIから成績のいい投稿と判断されて、エンゲージの高い可能性があるのです）。

「このアカウントはなんで人気があるんだろう？」と考え始めると、無駄に時間を食ってしまうので、競合調査の1段階目ではとにかくあまり考えずに、リサーチを機械的に進めていきましょう。基準を上げて、記録するアカウントの数を増やしていくことがポイントです。

●競合調査【2段階目】

競合調査の2段階目では、モデリングする（参考にする）アカウントを見つけたり、流行の投稿やInstagramの傾向を見ていくことを行います。

この作業は頭を使うので、1段階目と同時進行しようとすると時間がかかってしまいます。ですので、1段階目とは日時を分けたりして、同時に行わないようにしましょう。

1段階目でかなりの量のアカウントを見てきているので、Instagram内での傾向はある程度掴めるようになっていると思います（掴めていないという方は、あと1時間、1段階目をやってみてください）。

たとえば、スーパーへ晩ご飯の買い物に行くとき、「駅前のスーパーはお肉が安い」「パチンコ屋の角の八百屋さんは野菜が安くて盛りがいい」「一番家に近い小さめのスーパーは、お惣菜のレパートリーがいい」などと、なんとなくですが勘が働くと思います。それと同じことをInstagramで行うイメージです。

モデリングするアカウントの選別方法は、Chapter3でお伝えします。

2段階目を行うのに便利なツールの紹介

1段階目で記録した競合アカウントは定期的に見返すことが大切ですが、データを取り直したり、普段の仕事が忙しいなかで時間を取ったりと、なかなか不便なことも多いと思います。

そこで、ぼくがツール開発会社に情報提供をして開発された「インス探偵」というツールをご紹介します。これを使うと、大幅に作業時間を短縮できます（本書のP223のQRコードからアクセスしてください）。

競合アカウントのフォロワーの増減、使用しているハッシュタグの使用頻度やエンゲージ、エンゲージの高い投稿や低い投稿、その他の運用アカウントのインサイト分析が一目でわかるので、役立ててもらえたら幸いです（Meta社から承認を得ているツールになります）。

Chapter 3

Step2

モデリングする ～アカウントを選別する～

「モデリング」とは心理学用語で、お手本になる人を参考にしながら、同じような行動をとること。インスタビジネスでは、同じジャンルでAIから優秀だと認められたアカウントをリサーチしていくところから始めていきます。そして他のアカウントの優れたところを積極的に取り込んでいくのです。

13 いいモデリング先を見つけることが成功への近道！

InstagramのAIは、データを記録して、取得したデータを分析するのがとても得意です。その分量は、優秀な人間の比ではありません。

記録するデータにはいろいろありますが、Instagramのインサイトでは「いいね数」「保存数」「コメント数」「アカウントへの滞在時間」「プロフィールへのアクセス数」「フォロー数」などのデータの数値をすべて記録して、あなたの投稿がほかのユーザーの役に立つのかどうかを分析しています。**そして、あなたの投稿がAIから見て優秀ならば、その投稿を見込みのお客さまにおすすめ（拡散）してくれるという仕組みが、Instagramには存在します**。

AIには感情がありませんので、投稿した写真や文章に触れて「感動した」という反応は一切関係ありません。「滞在した時間はどのくらいか」「何人の人が保存（ブックマーク）しているのか」「プロフィールへアクセスした人は何人か」といったことを数字のみで判断し、あなたの投稿のInstagramへの貢献度を計測しています。そして、その判断基準は、アルゴリズムというルールに基づいて行われています。

ということは、ほかのユーザーが投稿している、すでに評価の高い投稿について、「なぜ評価されているのか」ということがわかれば、それを自分に置き換えて応用すれば、完全とまでは言えませんが、いい評価をしてもらうことができます。そこで出てくるのが、モデリングです。

モデリングしていくアカウントは、すでにAIから見て成績の良い投稿をいくつも投稿していることになるので、そのアカウントのいいところを見つけて、自分のアカウント設計の参考にしていくわけです。

14 モデリングするアカウントをサクッと探そう！

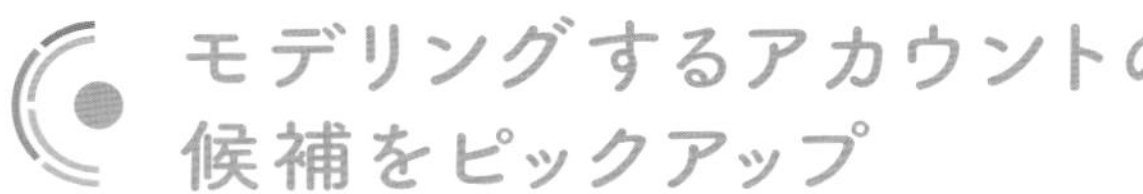

モデリングするアカウントの候補をピックアップ

「12　競合調査は2段階に分けてやろう！」の項目で、同ジャンルの競合アカウントをリサーチすることをお話ししましたが、**このなかで★5評価をつけたアカウントの中から、モデリングするアカウントを探していきます**。もし、競合調査で★5評価のアカウントが少なかったとしたらもう一度、調査をやってみてください。大切なのは、あなた自身が考えて高い評価を下したアカウントをピックアップすることです。

たとえば、誰かに「このアカウント、参考にしたほうがいいよ」と教えてもらったアカウントをそのままモニタリング先として選んだとします。その時はうまく行くかもしれませんが、時間の経過とともに流行も傾向も変わっていくので、時間がたてばうまくいかなくなってしまうことがほとんどです。教えてもらったモデリング先のアカウントとあなたのアカウントの条件がまったく同じということはありえませんので、教えてもらったとしても、そのモデリング先のアカウントの良いところや自分と違うところを考えて、決定はあなた自身で行う必要があります。

重要なことなので何度も書きますが、SNSはリサーチが9割です。ですので、**競合のアカウントは、50個くらいは出しておきましょう**。

たくさんある競合の中から★5をピックアップして、1つ1つ見ていきます。エクセルやスプレッドシートで表を作っていれば文字の背景色を変えられるので、わかりやすいように表示を工夫しておくといいでしょう。

① フォロワーとフォローのバランスを見る

まずは、フォロワーとフォローのバランスを見て、フォローが多すぎないかどうかを確認しましょう。

相互フォロー（先にフォローしてフォロー返しをもらう）で伸ばしたアカウントの場合、フォロワーさんが数万人いたとしても、フォローが数千人になっていたりします。

Instagramでフォローできる上限は7500人に設定されています。ですので、相互フォローで伸ばしているアカウントは、「フォローしてフォローを返してもらう」「フォローを返してもらえない場合、フォローを外す」「7500人に達しないように定期的にフォローを外す」を繰り返しています。

一方、Instagramのアルゴリズムから好かれて、伸びているアカウントの多くは、フォローが1桁～3桁くらいです。これを目安にしましょう。

② 「どんな人がフォローしているか」フォロワー一覧をチェック

10年近く前までは、「フォロワーを買う」という行為が公然と教えられていた時期がありました。また、女性アカウントによく見られるのですが、フォロワーが海外の人ばかりだったり、発信している内容は女性向けなのにフォローしているのは男性ばかりだったりするケースは、未だによく見られます。

ですので、モデリング候補のアカウントについては、どんな人がフォローしているのかを大まかに確認しておくのがいいでしょう。調べやすさから考えると、PC上で調べることをおすすめします。

ランダムに遡って確認してみて、そのアカウントのターゲットになるであろうユーザーがフォローしている率が多ければ、そのアカウントは優良ということになります。

fig. 優良なアカウントにフォローされている例

fig. 誤ったアカウントにフォローされている例

❸「おすすめ」をチェック

PCから見るほうが確認しやすいですが、スマホからでも見れるので、「おすすめ」にどんなアカウントが出てくるかも確認しておきましょう。**「おすすめ」をチェックする場合は、あなたがビジネスで使用していないアカウント（いわゆる「裏アカ」）などがあれば、そちらから確認したほうがベターです**。なぜかというと、InstagramのAIに送られているシグナルの状態によっては、正確な情報が得られないことがあるからです。

❶〜❸をまとめて行う場合は、最初から裏アカなどでチェックするといいでしょう。

fig.「おすすめ」に出てくるアカウントをチェック

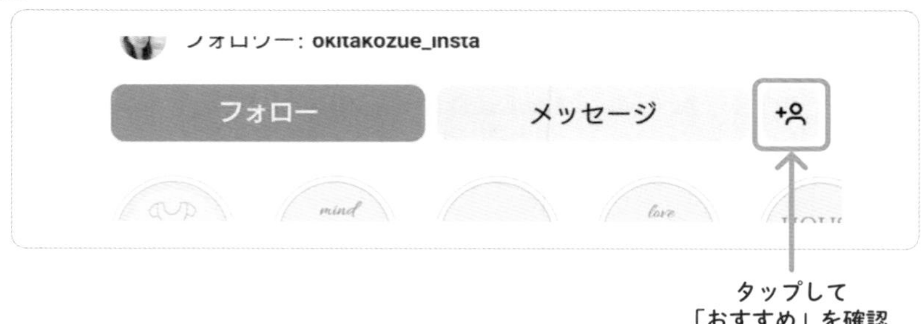

「おすすめ」に同ジャンルのアカウントが出てくる場合

InstagramのAIにちゃんとしたシグナルが送られている証拠なので、モデリングして大丈夫なアカウントだといえます。

さらに、対象のアカウント（★5評価のアカウント）と同等レベルか、格上の同ジャンルのアカウントが表示される場合は、AIからの評価が高い証拠なので、なお良しです。

しかし、対象のアカウント（★5評価のアカウント）よりも格下のアカウントが表示されているとしたら、そのアカウントはAIから見たら人気のないグループにカテゴライズされているかもしれないので、ご注意ください。その場合は、モデリングアカウントとして見送って、他のアカウントを調べてみたほうがいいかもしれません。

「おすすめ」に同ジャンルのアカウントが出てこない場合

この場合は、残念ながら、対象のアカウント（★5評価のアカウント）がAIにちゃんとシグナルを認識されていない可能性が高いため、AIからの評価は低いと考えた方がいいです。こんな場合は、モデリング対象から外しましょう。

④投稿を見てみる

直近の30投稿くらいで、どんな反応が出ているかを確認していきましょう。

「いいね」やコメントはあるか？

ジャンルによっても変わりますので、フォロワー数ごとにだいたいの目安をお伝えします。

フォロワー数ごとの「いいね」の目安

1000人以下……フォロワー数の10％以上から「いいね」が平均的にあるかどうか？

1000人～5000人……フォロワー数の5％～10％くらいの「いいね」が平均的にあるかどうか？

5000人以上……フォロワー数の5％～10％くらいの「いいね」がつく投稿が半分くらいあるかどうか？

これに加えて、「通常の数よりも2倍、3倍など、極端に『いいね』数が多い投稿があるかどうか？」ということも目安にしていいでしょう。

コメントを見る場合

- **コメント数のほかに、外国人やアカウント運用者の容姿に関してのコメントが多くないかどうかも確認。**

中には「いいね」数やコメントが確認できないアカウントもありますので、その場合は❶〜❸で判断しましょう。

❶〜❹をすべてクリアする必要はないと思いますが、なるべく多い要素をクリアしていたほうが、InstagramのAIからおすすめされている証拠になります。モデリングするアカウントからヒントをもらうことで、あなたのアカウントにも効果が出てきます。

15 モデリングするアカウントが大切にしているところを見つけよう！

モデリングするアカウントの良いところを見つける

モデリングするアカウントが見つかったからと言って、そのままマネしてしまうのは、よくありませんし、あなたの成長にもつながりません。

モデリングのコツは、良いところを要素で分けて取り入れることです。対象にするアカウントの良いところを見つけていきましょう。

どのように要素を分けていくのか解説していくので、ひとつひとつ確認していきましょう。良いところを見つけるコツは、あなたから見て「このアカウントの人は○○をしようとしている」という目的が明確に伝わってくるかどうか、それが一目でわかるようにしておくということです。

① プロフィールの良いところを見つける

プロフィール名や説明文の内容を見ることも大切ですが、**いちばん見てほしいのは、キーワードになる言葉です**。プロフィールで使用している言葉は、InstagramのAIにシグナルとして送られているので、どんなをキーワードを使っているのか、メモしておきましょう。

また、アイコンで使用している画像も大切です。「顔出ししているほうがいい」とよく言われていますが、個人的な感覚としては、顔出しする／しないは、それほど重要ではないと思います。

言葉だけでは伝わりにくいため、以前、ご指導させていただいた、片付けコンサルタントのサリさん（sari_katazuke_konmari）のアカウントを例に解説します。

fig. お片付けコンサルタント・サリさんのアカウント

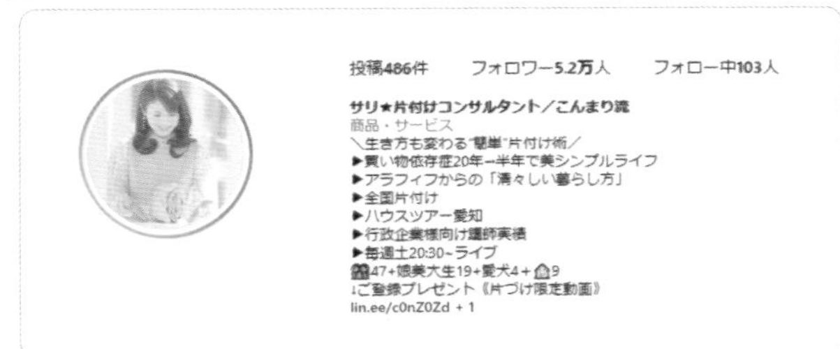

見るポイントは、たとえば写真でしたら「カメラ目線なのか？」「顔の大きさは？　アップ？　バストアップ？　身体全体？」「着ている衣装の色は？　形は？」「顔が真ん中にある？　左右どちらかに寄っている？」「デコってある？」などから、良い点を見つけていきます。

イラストを使っている場合も同じように細かく良い点を見つけて、以下のようにメモに残しておきます。

メモ

- カメラ目線なのか？
  →何かをやさしく見下ろしている
- 顔の大きさは？　アップ？　バストアップ？　身体全体？
  →上半身。下の置物がサリさんのやさしい感じを出している
- 着ている衣装の色は？　形は？
  →メインカラー黄色。柔らかい感じ
- 顔が真ん中にある？　左右どちらかに寄っている？
  →真ん中、上半分。手と顔が見えると暖かさがる
- デコってある？
  →デコり無し。少し明るめに加工してある感じがさわやか

❷ ハイライトを見てみる

運用がうまくいっている人ほど、ストーリーズの使い方がうまかったり、ハイライトが見やすくなっています。

最初に見えているハイライトを見て、「ハイライトアイキャッチの色」「見出しの文言」「各ハイライトの順序」などをメモに残しておきましょう。

fig. ハイライトを見てみる

メモ

- ハイライトアイキャッチの色
  →淡いピンク。オレンジ系の色も入っているのが暖かい感じ
- 見出しの文言
- 各ハイライトの順序
  →「ご感想」→お客さまの声→「Sari's Mind」
  →考え方、想い、気持ち→「私と家のこと」
  →家のプライベート。アンケート。親近感わく。共感系
  →「Houseツアー」→イベント→「楽天ROOM」→副収入
  →「WS開催日」→お客さまの声。8枚。最後でLINE誘導
  →「超愛用美容液」→愛用品。副収入

❸ 投稿の「いいね」数を見てみる

「このアカウントをモデリングする！」と決めたら、1年分くらいはそのアカウントを遡って見ていくことをおすすめします。可能であれば、

そのアカウントの最初の投稿まで遡ってみると、さらにいいでしょう。

ただ、何百、何千という投稿を全部たどっていくのには何日もかかってしまうので、見ていくコツを紹介します。

「いいね」数を見ながら遡っていくと、ほかの投稿よりも明らかに「いいね」数が多い投稿が見つかります。**実は、この投稿でアカウントがレベルアップ（バズる）している可能性が高いのです。**

たとえば、平均的な「いいね」数が500〜800くらいだったものが、突然2000くらいの数がついている投稿が現れます。

1投稿だけでバズるわけではないため、2000の「いいね」がついた投稿の前の投稿、さらにその前の投稿も、たとえ「いいね」数が多くなかったとしてもエンゲージが良く、InstagramのAIからの評価が高いケースが多いです。

ですので、極端に「いいね」数が多い投稿と、その前の投稿（3〜5本くらいの投稿）を中心に、詳しく見ていきます。

fig. 投稿の「いいね」数を見てみる

右上の「一時しのぎの片付けを続けた結果」が「いいね」数が2476で、突然高い数値が出ているので、その前の投稿も含めて、5投稿遡ってみます。

投稿が文字投稿の場合は、投稿に書かれている文言の中から、キーワードになっている言葉をメモに残していきます。左ページの写真でしたら、「片付け」「結果」「禁断」「ひと言」「たった1つ」「魔法」「買い物依存症」「得した」「損した」ですね。

ついでに枕詞的な言葉も記録で残しておきます。「一時しのぎの」「言ってはいけない」「もうしない」「圧倒的な」といった言葉です。

メモはあとから調べたりするので、エクセルやスプレッドシートで記録を取っていくのがベストです。ここで記録しておくことで、Instagramから気に入られるキーワードや枕詞、パワーワードのリストができていき、プロフィールを考えていくときや投稿を作っていくときに役に立つので、しっかり残しておきましょう。

投稿のURLも一緒に記録しておくと、あとで見返したいときにすぐ見つけられるので便利です。

❹ 投稿の良いところを見つける

❸で見つけた、極端に「いいね」数がいい投稿と、その前の3～5本の投稿を見て気づいた、見る人の目を引く「良いところ」をメモしていきます。

fig. 投稿の「良いところ」をメモしていく

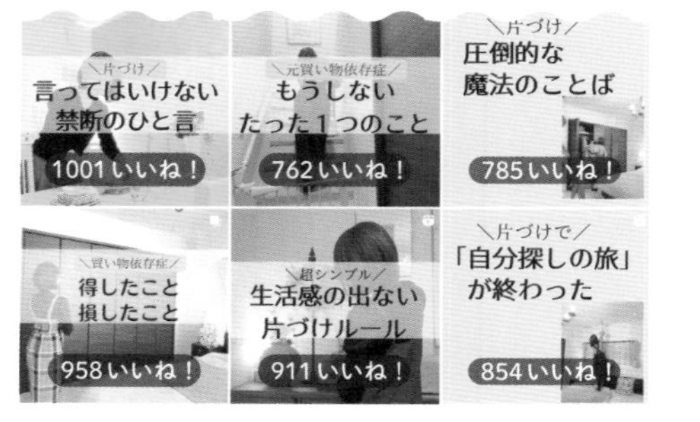

メモ

どんな写真？

・必ずサリさんが写真に映り込んでいる（後ろ向きが多い）
　→生活感があって共感する
　→本人がちゃんと投稿を作っていることがわかる
　→膝から上が映っているパターンが多い
　→エプロンをしているような写真が多い
　→お洒落
　→カメラ目線が少ないので圧迫感がなく好印象

色は？

・白基調だけど、オレンジ、茶色、ピンク系の印象

文字は？

・文字は、センター。背景に白の透かし帯。

メインのフォントを手書き風のゴシック、サブ的に細い明朝体

投稿内容の余白は？

・余白がたくさんあり、文字が読みやすい

・文字が少ないので部屋の感じがわかりやすい

投稿の内容は？

・投稿は、有益＋共感系

・3投稿に1回の投稿がアクセントになっている

・リールは、マインド系のことが主

⑤ そのアカウントが大切にしているところを見つける

❹で気がついた点をさらに深掘りして、メモしていきましょう。

メモ

・ハイライトアイキャッチの色
→淡いピンク。オレンジ系の色も入っているのが暖かい感じ

・見出しの文言

・各ハイライトの順序
→「ご感想」→お客さまの声→「Sari's Mind」
→考え方、想い、気持ち→「私と家のこと」
→家のプライベート。アンケート。親近感わく。共感系
→「Houseツアー」→イベント→「楽天ROOM」→副収入
→「WS開催日」→お客さまの声。8枚。最後でLINE誘導
→「超愛用美容液」→愛用品。副収入

いかがでしょうか？

モデリングをするアカウントの掘り下げ方がわかったら、あなたがモデリングするつもりのアカウントの投稿を1年分くらい遡ってみましょう。急に「いいね」数が多くなっているポイントを5箇所くらい探せれば、かなりのストックができていると思います。

また、ここまで順序立てて実行すれば、かなりの分量を見てリサーチしていることになるので、同ジャンルでどういう投稿が流行るのか、身体の感覚としてわかるようになっています。

モデリングするアカウントが決まって、そのアカウントの良いところや大切にしていることを掘り下げて考える過程には、時間をかけるようにしてください。ここに時間をかけられるかどうかは、数か月後に成果につなげられるか否かのターニングポイントになります。

さらにマニアックに掘り下げるなら？

長年運用して、継続して伸び続けているアカウントをモデリングする場合、一番最初の投稿まで戻ってみましょう。

そして、単に遡るのではなく、一番最初の投稿から時系列で見ていってみて、急に「いいね」数が高くなっている投稿と、その前の３～５本の投稿を調べてみるというのをやってみてください。

今もなお伸びているアカウントが初期の段階でどういう投稿をしていたか？　どういう投稿がきっかけで伸びるようになったか？　それを知っておくのも大切なポイントです。

Chapter 4

Step3 〜理想のお客さまを考える〜

STEP2まではアカウント設計について前準備的に行うべきことをお話ししてきました。STEP3では、今度は手順というより、インスタアカウントを作るうえでのあなたのマインドのお話です。そもそもどういう人がお客さまなのか？　という根本のことから考えてみましょう

16 あなたのお客さまはどんな人？

「あなたから買いたい」と思ってくれる人を考える

突然ですが、あなたのお客さまはどんな人なのでしょうか？

幸せなのでしょうか？　それとも、不幸せなのでしょうか？

今の生活に不満があるのでしょうか？　満足しているのでしょうか？

不幸せで不満を持ちながら生活しているのでしたら、どういう風になりたいのでしょうか？　家族や友だち、同僚、ご近所の人たちにどう思われたいんでしょうか？

お金持ちなのでしょうか？　お金が欲しいのでしょうか？

成功したいのでしょうか？　成功を認められたいのでしょうか？

このChapter4では、あなたのお客さまになる方の気持ちをベースに掘り下げていくことになります。そうすることで、あなたのInstagramで投稿していく内容が、見込みのお客さまに刺さる内容に変わり、投稿するネタに困らなくなっていきます。

そして、InstagramのAIが味方になってくれるプロフィールをつくって、理想の未来に向けてブラッシュアップしていけるようになります。

あなたのサービスを購入してくれる人は、あなたのサービスが「他のサービスよりも、優れているから」「リーズナブルだから」「オプションが多いから」という理由だけで買っているわけではありません。

あなたと話したいから、あなたに会いたいから、あなたと関わりたいから購入してくれる。そのように感じてもらえるように、Instagramを

活用していくべきなのです。そのためには、お客さまがどんな人なのかということについて、想像力の翼を羽ばたかせていくことが重要です。

AIの進化が著しくなってきて、だれでも簡単に、それなりの役に立つ文章をつくることができるようになってきました。また、ある程度の情報は、Webで検索すれば何でも得られる世の中になりました。

ということは、あなたがどんなに専門的な知識を持っていたとしても、その専門性を特化していくことはむずかしい時代なのです。ましてや、Instagramで高度な専門性を打ち出したとしても、ターゲットがある程度の専門家でない限り、「むずかしそう」とスルーされてしまいます。

Instagramユーザーは、Googleなどで自発的に「検索する」ユーザーではなく、自宅でくつろいでいる時や空き時間に、なんとなく時間が空いたからInstagramを見て、なんとなく「楽しそうなことがないかな」「お得なことがないかな」と思っている人がほとんどです。

だからこそ、あなたのお客さまはどんな人なのかを考えて、「あなたから買いたい」と思ってもらえる入り口を作っていく必要があります。

●ターゲットとペルソナの違いを知ろう！

インスタビジネスをしていると、よくターゲットやペルソナの話が出てきます。両方ともとても大切な役割をもっているので、この設定をしていないと結果に結び付けていくことはできません。

しかし、ターゲットとペルソナを混同している人も少なくありません。この2つの用語の線引きがわかると、アカウント設計をしていくときや投稿をつくっていくときの区別ができてくるので、覚えておきましょう。

①ターゲットとは？

ターゲットとは、あなたのサービスを求めているであろう人たちを年齢、性別、傾向、住んでいる地域などでカテゴリーで分けた「実在する集団」のことです。

例として挙げると以下のようなイメージです。

- **30代女性**
- **独身**
- **会社員**
- **横浜市在住**

※あなたのビジネスジャンルによって、年収や趣味、仕事のジャンル、ライフスタイルなど入れていく場合もあります。

たとえば、あなたが地元（横浜市）でお好み焼き屋さんをやっていて、ファミリー層に食べに来てほしいと思っていたとしたら、ターゲットは、

- **30代専業主婦**
- **お子さんがとにかく外食好き**
- **コスパ重視**
- **横浜市在住**

というような実在する集団になります。

本書でお伝えするアカウント設計は、「ターゲット」に向けて作っていくことになります。

②ペルソナとは？

ペルソナとは、ターゲットのように実在する人たちではなく、あなたのサービスを最も求めている「架空の人物」になります。

もともとペルソナという単語には「演劇などの登場人物」「仮面」などの意味があり、主に心理学で使われる言葉でしたが、今ではビジネスで使われるようになりました。

年齢、性別、性格、職業、年収、家族構成、趣味など事細かに仮定して、ひとりの架空の人物像を作ります。

たとえば、お好み焼き屋さん（横浜市）のペルソナは、

- **32歳　専業主婦**
- **家族構成：夫（41歳）、長男（6歳）次女（3歳）**
- **最終学歴：私立高校普通科卒業（共学）**
- **休日の行動：家族でおでかけ**
- **趣味：お菓子作り、貯金**
- **情報源：クックパッド、Instagram**
- **家計：できるだけ出費を抑えたい**

というような、いかにもあなたのサービスを求めていそうな架空の人物になります。

フィード投稿をつくる場合は、ペルソナに対してつくっていく場合もありますが、本書でお伝えしていくアカウント設計では、「架空のペルソナ」ではなく、「実在するターゲット」に対してつくり上げていくことになります。

では、あなたのターゲットを書きだしてみましょう！

ポイントは、実在する集団です。

ターゲットを広くするか、狭くするかは、やっていくうちにブラッシュアップしていけば問題ありませんので、今の段階でのターゲットを書きだしてみましょう（「半年以上Instagramをやっていて、お仕事に繋がっていない30代～40代女性起業家」など）。

お客さまの悩みを解決するために

Instagramでは本当の悩みは解決しない？

少し驚くかもしれませんが、見込みのお客さまが悩んでいることに対して、それを解決する方法をInstagramで紹介しても、その人がストレートにお客さまになるわけではありません。

たとえば、太ももを細くしたい女性がいたとします。しかし、仮に彼女の太ももが細くなったとしても、本当の悩みを解決できるわけではありません。なぜなら、その女性は、自分が抱える本当の悩みに気づいていないからです。

そのように、見込みのお客さまの本当の悩みを解決できない限り、いくらあなたがInstagramでお役立ち情報を発信しても、コンスタントな集客には結びつかないでしょう。

これだけ情報が溢れている世の中で、お役立ち情報だけを見て、見込みのお客さまはサービスを購入するでしょうか？　この問いにいかにして答えるかという点が、アカウント設計のキモの部分になってきます。

そして、見込みのお客さまがあなたから買いたいと思うようになるには、「あなたと話したい」「あなたと会いたい」と思われるくらいのファン関係を、Instagramを通してつくってほしいのです。そこに至るには、あなたとお客さまの本能的なつながりをつくることが大切になってきます。

例え話をしましょう。パソコンを使っている人の大半は、MacかWindows、どらかを使っていることと思います。この2つのパソコンは、よほど専門的な性能を求めない限り、普通に仕事で使う分には、性能的にはほとんど大差がありません。

ですが、WindowsからMacに乗り換える人は多いのですが、MacからWindowsに乗り換える人はほとんどいないそうです。Windowsのほうがビジネスソフトなどが多いので、仕事上しかたなくMacからWindowsに乗り換える人はいるかもしれませんが、Macユーザーは、「パソコンが使いたい」のではなく、「Macが使いたい」のです。

これは、Macユーザーは、Macに本能的なつながりを感じているからにほかなりません。

このように、見込みのお客さまに対して本能的なつながりを感じてもらえるようなアカウントを、あなたが意図的につくれるとしたら、どうでしょう？ これだけで、他の競合ジャンルのアカウントとの競争から抜け出すことができます。

そんなアカウントをつくっていきましょう。

お客さまの悩みの裏に隠れているもの

本能につながるとファン化する

お客さまの悩みを解決するためのお役立ち情報だけでは、ファン化にはなかなかつながりません。

例えば、「売上が上がらない」という悩みを抱えている人がいるとします。この悩みを直接的に解決するためには、「行動していくためのマインド」「集客をするためのスキル」「購入してもらうまでの導線の考え方」など、有益だと思われるお役立ち情報はたくさんあります。

ですので「ありがとう」にはつながるかもしれませんが、ファン化にはつながりません。なぜかというと、これらのお役立ち情報は、インターネットで検索したり、AIを利用して調べてもらうことで解決できてしまう類のものだからです。

見込みのお客さまがあなたのファンになり、「あなたに会いたい」「あなたと話したい」「あなたから買いたい」とお客さまから求められる存在になるためには、さらに悩みを深掘りしていく必要があります。

なにを深掘りして行くのか？　お客さまの悩みの裏に隠れている「感情（気持ち）」です。

感情というのは「喜怒哀楽」のことで、悩みの裏にはマイナスの感情（気持ち）が隠れています。

そのマイナスの感情を探していくのです。

ここで仮説を立ててみましょう。

あなたは、いずれは起業したいけど、副業の売上の目処が立っていない会社員だとします。一番の悩みとしては、なんとしても「売上が上がらない」です。なぜならば、早くお給料以上のお金を副業で稼げるようになって、起業したいからです。

では、あなたの「売上が上がらない」という悩みの裏には、どんなマイナスの感情（気持ち）が隠れているでしょうか？「売上が上がらなかったらどうしよう!? と不安でたまらない」「仕事が嫌いなわけじゃないけど、好きなことを仕事にできていなくて悶々としている」「休みの日でも、自分の時間が作れなくて将来が不安」「起業して活躍している女性がうらやましい。そう思う自分にイライラする」「起業すると言っている家族や友人に対して恥ずかしい」いうように、考えていけばいくらでも裏にある感情は出てくると思います。

たとえば、「売上が上がらない」という悩みに隠れた感情を5分間考えてみて、思いつくままに書き出してみてください。これには正解も不正解もないので、頭に浮かんだことをノートなどに書いてみましょう。

5分間考えてみてどうでしょうか。あなたの心は、動きましたか？

焦りを感じて不安になったでしょうか？　イライラしたでしょうか？そ　れとも、ほかになにか、別のマイナスの感情が出てきたでしょうか？

今、あなたに出てきた感情は、今まで生きてきた経験から出てきたリアルな感情です。

この感情を素直にInstagramで投稿する文章に使えばいいのです。

ワンポイント・アドバイス

書き出す場合は、「〜だからイライラする」「〜だから恥ずかしい」「〜だから不安」など、文末を自分の感情で締めておくと、あとからその時の気持ちを思い出しやすいです。「〜なりたいから」「〜したいから」などと願望や希望ベースで締めると、あとで使うときにその時の気分に左右されやすくなってしまうのです。

あなたのリアルな感情が乗った文章というのは、同じような経験がある人の心に刺さります。ターゲットになる見込みのお客さまが抱いてしまうマイナスの感情を「認める」「受け止める」「褒める」ことで、「この人なら私の悩みを解決してくれるかもしれない！」と信頼関係を築くことができるのです。

そして、これを何度か繰り返しているうちにファン化が進んでいくのです。

たとえば、この「売上が上がらない」会社員（ターゲット）に向けて記事を書く場合。売上が上がる方法だけをお伝えするよりも、裏に隠れているマイナスの感情要素も入れて、以下のような話を入れてみます。

「5年前、売上をあげなくちゃと焦るばかりだった私は、睡眠時間を削って必死で起業準備をしていました。そのせいで息子の授業参観の日にうっかり営業のアポを入れてしまったことがあり、形にできていない自分を責める毎日でした。

でも、あの頃、売上が上がらず焦っていたのは、自宅で起業して、少しでも子どもと一緒にいられる時間を作るためだったんです。

もしも、売上があがらないから焦っているのなら、それは自分のためじゃなくて、誰かのためだと思いますし、焦っているのは誰かのためにがんばっている証拠。素敵なことです」

このように、自分の過去の経験と合わせてマイナスの感情を褒める内容を書いてから、売上を上げる方法をお伝えしたとしたら、少しでもマイナスの感情を抱えている人だったら「この人だったら私の悩みをわかってくれるかもしれない！」と感じてもらえると思いませんか？

ワンポイント・アドバイス

「見せたくないものを見せないようにすると、大切なものが見えない」

自分の恥ずかしい過去など、もしかしたら、言いたくないということもあるかもしれません。ですが、他人に知られたくないような過去などが実は、共感ポイントになり、ファン化へのカギになりますので、自分の心の中の棚卸しをしてみてください。

（裏の感情を書くときは、真実を書くようにしてください。嘘の出来事を書くのは反則ですし、ブーメランのように回りまわって、いずれは自分に返ってきます。）

子育て支援のサービスをやっているハルさん

障害を抱えるお子さんを抱えるママさん向けに子育て支援のサービスをやっているハルさんという方を例にして、マイナスの感情を「認める」「受け止める」「褒める」様子を詳しく解説していきます。

fig. ハルさんのインスタプロフィール

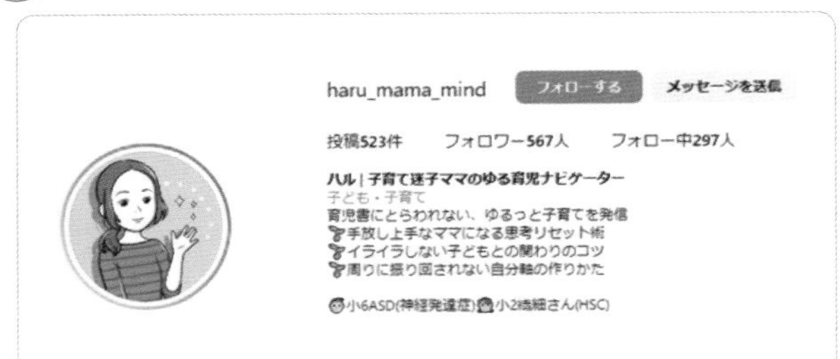

彼女は、特にがんばって集客をしているわけではありませんが、自然とお問い合わせが来るそうです。これは、フォロワーさんたちと本能的なつながりをつくることができているからです。

悩み

・子育てが思うようにいかない

裏に隠れたマイナスの感情（気持ち）

・自信が無いから不安

・正解が分からなくて焦る、いらいらする

・周りと比べて劣等感

・相談する相手がいないから孤独

ここで出てきている裏に隠れたマイナスの感情（気持ち）は、ハルさん自身が過去感じていたリアルな感情です。

ですので、ハルさんの経験に共感する母親世代の方々は、一定数存在しています。ハルさんがこれらのマイナスの感情に対して、認めてあげたり、褒めてあげたりすることで、救われるママさんはいるのです。

そして、認めてあげたい、褒めてあげたいという気持ちは、ハルさんの素直な気持ちなので、信頼関係が築かれ、それを乗り越えて子育て支援をしているハルさんのファンになっていくのです。

お客様の悩みと裏に隠れたマイナスの感情を書き出してみる

まずは、あなたのターゲット（見込みのお客さま）の悩みを3つ書きだしてください。そして悩みに対して、5つずつ、裏に隠れたマイナスの感情（気持ち）を書き出していきましょう（悩みに対しての裏の感情が同じ内容だという場合、そのまま同じものを書いても問題ありません）。

Instagramはどんなにアプリが発達して、革新的な機能が付いたとしても、最終的には「人」と「人」です。そこには必ず、必ず感情があります。そして、それが悩みに類するものならば、必ずマイナスの感情（気持ち）は存在します。

マイナスの感情が生まれてしまう原因

「悩み」「裏に隠れたマイナスの感情（気持ち）」「その気持ちになる原因」を書き出す

悩みの裏にあるマイナスの感情（気持ち）を深掘りしたら、そういう気持ちになってしまう原因について考えていきます。

以下のような仮説を立ててみましょう。

ターゲット（見込みのお客さま）

・いずれは起業したいけど、副業の売上の目処が立っていないサラリーマン

悩み

・「どうしても売上が上がらない」

考えられる裏に隠れたマイナスの感情（気持ち）

❶売上が上がらなかったらどうしよう!?　と不安でたまらない

❷仕事が嫌いなわけじゃないけど、好きなことを仕事にできていなくて悶々としている

❸休みの日でも、自分の時間が作れなくて将来が不安

❹起業して活躍している女性がうらやましい。そう思う自分にイライラする

❺起業すると言っている家族や友人に対して恥ずかしい

まず、「❶売上が上がらなかったらどうしようと不安でたまらない」というマイナスの感情になってしまう原因を考えていきます。

なぜ不安になってしまうのでしょうか？

・学びが不足している
……売上をどのように立てていいのか？　知識が足りない

・リサーチ不足
……どのようなパターンがあるのかなど、あまり調べていない

・経験不足……すべてがこれからなので、経験値がない

・自分の副業に自信がない
……学びもリサーチも経験も足りていないので、当然自信もない

・自己肯定感が低い
……起業＝夢の実現というような思考になっていない

・疲れ、睡眠不足
……エネルギーが落ちている。もしくは、日々の過酷な労働で余裕がない

・副業する目的がない
……そもそも目的がないと不安になる

・自分を褒めるのが下手
……自分を褒めることがうまければ、少々のことでは不安にならない

原因を考えるときのポイントは、「悩み」→「裏に隠れたマイナスの感情（気持ち）」→「その原因」、という順番で考えていくことです。「悩み：売上を上げたい」→「裏の感情（気持ち）：売上が上がらなかったらどうしよう!?　と不安でたまらない」→「その原因：学びが不足している……etc.」といったような感じです。

5つの悩みについて考えてみました

ひとつの悩みに対して、「裏の感情（気持ち）」を5個、「その気持ちになる原因」を5個ずつ書き出していくと、「裏の感情」を5個、「原因」を25個つくることができます。さらにここで書き出した内容は、あなたの感情と紐づいているため、共感を生み、心に刺さりやすいネタにな

っているはずです。

以下は、ぼくがサンプルでやってみた表です。

tab. 「売り上げが上がらない」悩みのサンプル

悩み		裏にある感情（気持ち）	その気持ちになる原因
売上が上がらない	❶	売上が上がらなかったらどうしよう!?　と不安でたまらない	学びの不足
			リサーチ不足
			自信がない
			自己肯定感が低い
			疲れ・睡眠不足
			自分を褒めるのが下手
	❷	仕事が嫌いなわけじゃないけど、好きなことを仕事にできていなくて悶々としている	学びの不足
			リサーチ不足
			経験不足
			自信がない
			受け身
	❸	休みの日でも、自分の時間が作れなくて将来が不安	自己肯定感が低い
			疲れ・睡眠不足
			目的がない
			疲れ・睡眠不足
			スケジュール管理
	❹	起業して活躍している女性がうらやましい。そう思う自分にイライラする	自己肯定感が低い
			承認欲求が強い
			自分を褒めるのが下手
			依存症
			ジャッジしてしまう
	❺	起業すると言っている家族や友人に対して恥ずかしい	自己肯定感が低い
			承認欲求が強い
			自分を褒めるのが下手
			ジャッジしてしまう
			マウントを取りたい

あなたの感情に基づいてこの表をつくっていくと、もう、投稿ネタに困ることはなくなってきます。

上の表では１つの悩みに対して、25個の原因に枝分かれしています。ということは、❶→❷→❸→❹→❺の順で記事の切り口を作ったとしても、25個の切り口ができるということです。

また、❸〜❺の「その気持ちになる原因」の部分は、同じものがいくつか見られます。たとえば「自己肯定感が低い」は、出てきた裏の感情ほとんどすべてに関わってくるので、「自己肯定感が低い人が陥ってしまう5つのマイナスな気持ち」というまとめ記事のような形で書くこともできますし、「❷仕事が嫌いなわけじゃないけど、好きなことを仕事にできていなくて悶々としている」とその原因を使って、「好きなことが仕事にならない5つの原因」というまとめ記事のような形もできます。
「売上が上がらない人が陥る5つのマイナスな気持ち」という具合に、A：悩みとB：裏に隠れたマイナスの感情を使っても記事は作れます。

しかも、あなたの感情と結びついているアウトプットができていれば、読者の共感を生み出し、本能的につながる、つまり、ファン化につながる記事になります。

さらにちょっと考えるだけでも30個以上は切り口ができているので、毎日投稿したとしても、1ヶ月以上の切り口を作ることができてしまいます。

アウトプットしてみよう！

P103で書きだした裏に隠れたマイナスの感情（気持ち）に対して、その感情になってしまう原因を5つずつ書きだしてみましょう。

ワンポイント・アドバイス

原因を書きだしていると、「自己肯定感が低い」とか「承認欲求が強い」など、けっこうキツイ言葉になりがちです。ただ、ここは後からInstagramで投稿するときのタイトルや文章のネタとして使うため、わかりやすさ重視で完結に書いておくことがポイントです。

20 記憶と感情の話

●感情が動くメカニズム

感情が動くまでには、以下のメカニズムが働きます。

❶外的、または内的に起こったことの意味を考える
❷起こったことの意味を解釈する
❸感情が動く

❶外的、または内的に起こったことの意味を考える

外的要因は、視覚や聴覚、触覚、嗅覚、味覚の5感で捉える、自分の外部で起こったことです。文章を読んだり、写真を見たりすることは外的要因になります。

内的要因は、自分の中、つまり内面で起こったことになります。脳は、外的か内的かで起こったことの意味を考えます。

❷起こったことの意味を解釈する

脳は、起こったことの意味を考えた後、記憶につなげて解釈します。

たとえば、あなたが道を歩いていて、目の前に空き缶が落ちていたとします。❶の意味を考える段階では、「目の前に空き缶が落ちている」です。ここで、意味を考えるときに記憶につながります。その記憶というのは、「ゴミ拾いをしているおじいさん」の記憶かもしれないし、「ポイ捨てする雑な人」の記憶かもしれませんし、「空き缶を踏んで転んだ自分」の記憶かもしれません。どんな記憶とつながるかは人それぞれで

すが、その記憶によって、解釈します。

③感情が動く

起こったことが記憶に結び付くことで、感情が動きます。

それは「ゴミ拾いしているおじいさんへの同情」かもしれませんし、「ポイ捨てする雑な人への苛立ち」かもしれませんし、「空き缶を踏んで転んだ時の恥ずかしさ」かもしれません。感情が動くことで「拾って近くのゴミ箱に捨てる」とか、「ゴミ箱がないのでカバンに入れる」とか、「無視して通過する」などの行動を起こします。

次の4枚の写真をご覧ください。

これは、何をしているところだと思いますか？　ぼくはパントマイムはうまくありませんが、おそらく、大半の人が「水道で手を洗ってい

る」ところだと気づくと思います。

では、なぜ、「水道で手を洗っている」ことがわかったかというと、あなたも水道で手を洗った経験（記憶）があるからなのです。

もし、50年後、テクノロジーが進んで水道も必要ない時代が来たとしたら、その頃に生まれた子どもは、「水道で手を洗う」パントマイムを見せても何をしているのかわかりません。縄文時代の人にパントマイムを見せたとしても、水道なんて見たこともないので、何をしているのかわからないだろうと思います。つまり、あなたが何をやっているかということがわかったということは、拙いなりにもぼくが行ったパントマイムとあなたの記憶が繋がったということなのです。

これと同じことをInstagramの投稿で行うのです。

あなたが作った投稿と読者の記憶を繋げて、共感という感情を動かしていきたいのです。

見込みのお客さまの悩みの深掘りを行うことで、あなたの記憶を辿って、悩みの裏に隠れている感情をアウトプットしていくのです。そして、アウトプットした感情は、読者の記憶と繋がり、共感が生まれ、あなたを求めるファンが生まれるのです。

※左ページのパントマイムの動画バージョンをこちらから視聴できます。

Chapter 5

Step4 〜ハッシュタグの事前準備〜

インスタアカウント運用で重視されることも多いハッシュタグですが、無計画にやたらと数多く投稿につければいいというものではありません。肝心なのはいかに投稿した内容にマッチしたハッシュタグをつけられるか？　ということです。その具体的な方法をお教えしましょう。

21 ハッシュタグを準備しよう！

フィード投稿をしていくための準備

ハッシュタグの準備の手順は、

❶モデリング先のアカウントからハッシュタグをもってくる
❷重複するハッシュタグを削除する
❸各ハッシュタグのボリュームを記録する
❹キーワードごとに分類しておく

の、４段階です。この作業も、競合調査の１段階目同様、機械的に進めていくことがポイントです。

Chapter3「15　モデリングするアカウントが大切にしているところを見つけよう！」で例に挙げた、お片付けコンサルタントのサリさんの例で解説していきます。

fig. お片付けコンサルタント・サリさんのアカウント

投稿486件　フォロワー5.2万人　フォロー中103人

サリ★片付けコンサルタント／こんまり流
商品・サービス
＼生き方も変わる"簡単"片付け術／
▶買い物依存症20年→半年で美シンプルライフ
▶アラフィフからの「清々しい暮らし方」
▶全国片付け
▶ハウスツアー愛知
▶行政企業様向け講師実績
▶毎週土20:30~ライブ
47+娘美大生19+愛犬4+9
↓ご登録プレゼント《片づけ限定動画》
lin.ee/c0nZ0Zd + 1

❶ モデリング先のアカウントから ハッシュタグをもってくる

モデリング先のアカウントのフィード投稿を遡っていって、極端に「いいね」が多い投稿と、その前の３～５投稿分をピックアップして、ハッシュタグを記録していきます。

fig. フィード投稿を遡る

以上の「いいね！」数の結果から、「一時しのぎの片付けを続けた結果」とその前の数投稿で使用しているハッシュタグを記録してきます。

fig. ハッシュタグを記録する

一時しのぎの
片づけを
続けた結果

整理収納
整理整頓
買い物依存症
断捨離
片付けたい
片付けられない
片付け苦手
収納方法
片づけ
片付け
こんまりメソッド
こんまり流片づけコンサルタント
シンプリスト
シンプルな暮らし
丁寧な暮らし

＼片づけ／
言ってはいけない
禁断のひと言

整理収納
整理整頓
買い物依存症
片付けたい
片付けられない
片付け苦手
片付けのコツ
片づけ
片付け
こんまりメソッド
こんまり流片づけコンサルタント
断捨離
シンプルライフ
断捨離記録
丁寧な暮らし

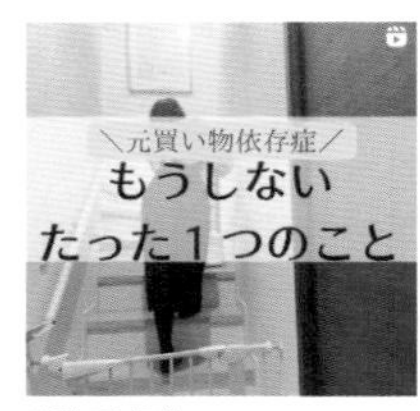

整理収納
整理整頓
買い物依存症
片付けのコツ
片付けられない
片付け苦手
断捨離
片づけ
片付け
こんまりメソッド
こんまり流片づけコンサルタント
心の断捨離
シンプルライフ
丁寧な暮らし

整理収納
整理整頓
買い物依存症
片付けたい
片付けられない
片付け苦手
収納方法
片づけ
片付け
こんまりメソッド
こんまり流片づけコンサルタント
断捨離
ミニマリスト
丁寧な暮らし
シンプリスト
片付け記録

整理収納
整理整頓
買い物依存症
片付けたい
片付けられない
片付け苦手
片づけ
断捨離
シンプリスト
片付け
こんまりメソッド
こんまり流片づけコンサルタント
シンプルライフ
ていねいな暮らし

例で挙げたのは5投稿だけですが、フィード投稿を遡っていくと、AIにおすすめされて伸びているアカウントであれば、極端に「いいね！」

が多い投稿はその他にもるはずなので、ピックアップしていってみましょう。

次にピックアップしたハッシュタグを、エクセルシートに並べていきます。

fig. ハッシュタグをエクセルシートに張り付ける

アカウント設計サンプル

	A	B
1		
2		#整理収納
3		#整理整頓
4		#買い物依存症
5		#断捨離
6		#片付けたい
7		#片付けられない
8		#片付け苦手
9		#収納方法
10		#片づけ
11		#片付け
12		#こんまりメソッド
13		#こんまり流片づけコンサルタント
14		#シンプリスト
15		#シンプルな暮らし
16		#丁寧な暮らし
17		#整理収納
18		#整理整頓
19		#買い物依存症

記録するファイルは何でも構いませんが、表のようになっているGoogleスプレッドシートやエクセルが便利です。

❷ 重複するハッシュタグを削除する

次に、重複するハッシュタグを削除していきます。

スプレッドシートやエクセルにはソート機能がついているので、一括で選別することができます。本書では、スプレッドシートで作業を進めます。

スプレッドシートの場合は、対象の列を選んで、「データ」→「データクリーンアップ」→「重複を削除」で、ひとまとめで削除できます。

スプレッドシート以外のソフトをご使用の方は、「（ソフト名）重複 削除」などで検索するとやり方が出てくると思いますので、調べてみてください。

fig. 重複するハッシュタグを削除

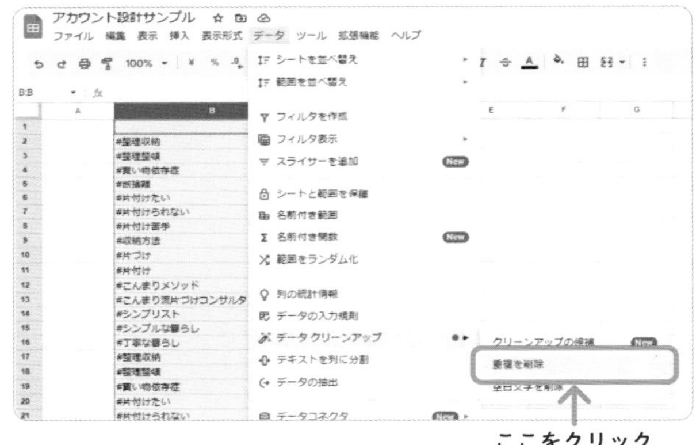

❸ 各ハッシュタグのボリュームを記録する

ひとつひとつのハッシュタグのボリュームを調べていきます。

日付も記録しておくと、さらにカテゴリごとに分類しておくと、後から見るときに使いやすいです。

ここでハッシュタグを記録していく経験は、ただ単にデータとしてではなく、これからプロフィールを作っていったり、フィード投稿などをつくっていくときの基礎力になるので、積極的に手を動かしてやっていきましょう。

運用初期にハッシュタグが大切なわけ

Instagram の AI にシグナルを送る

アカウント運用を開始してまだ間もない頃はフィード投稿などのエンゲージもそれほど高くないため、アカウントパワーも弱く、Instagram の AI からおすすめされる可能性は低いです。

ですので、ハッシュタグで露出させて、フォロワー以外のユーザーから、あなたの投稿を見てもらう必要があります。

インスタビジネスでは「ハッシュタグを利用して、露出を増やしていこう！」ということがよく言われます。**ですが、それよりも大切なことは、ハッシュタグを使って、Instagram の AI にシグナルを送ることです。**

個人的な見解ですが、ハッシュタグでの露出はご褒美程度に考えて、とにかく Instagram の AI にあなたの関心のシグナルを送り、あなたのアカウントがどういうことを発信しているのかを知ってもらうことのほうが重要なのです。AI への自己紹介をしっかりやっていきましょう。

たとえば、サリさんのようなお片付けコンサルタントでしたら、「片付け」というワードを含むハッシュタグを使用していきます。

「片付け」で調べてみると、など、いくつも「片付け」というワードを含んだハッシュタグの候補が出てきます。

投稿の内容とハッシュタグは一致していることが望ましいので、投稿内容とマッチしているハッシュタグを選んで、使っていきましょう。

運用初期にシグナルをちゃんと送って、あなたのアカウントがどういうことに関心があるのかを AI に記憶してもらっておけば、あとは、フィード投稿のクオリティを上げていくだけという状態に入れます。

ですが、運用初期にシグナルをちゃんと送れていない場合、あなたが見込みのお客さま（ターゲット）に向けていくらクオリティの高い投稿をしたとしても、あなたが送った情報を求めていない人が見てしまうことになりますので、「いいね」や「保存」の評価を得られません。

結果として、有益で共感性のある投稿をしているはずなのに反応が薄いのはなぜなのか？　あなた自身がわからなくなって身動きとれなくなっていってしまいます。**ですから、しっかりシグナルを送るということを意識して、投稿内容にマッチしたハッシュタグをつけるようにしましょう**。

ハッシュタグが重要なのは最初だけ!?

そして、意外に思われるかもしれませんが、**ハッシュタグが重要になるのは運用初期のInstagramのAIにシグナルを送るとき、もしくは運用していて露出の方向を変更したいときや修正したいときに限られます**。

なぜかというと、AIにちゃんとシグナルが送れていて、「いいね」や保存、滞在時間などのエンゲージがしっかりとれていれば、InstagramのAIが発見欄からおすすめしてくれるようになるからです。

右の例は、ぼくがはじめてInstagramのAIからおすすめされた（いわゆる「バズった」）ときの画面キャプチャです（スタートは2019年9月29日。「その他」と書かれているところが、ハッシュタグを使って発見された層からの流入と考えてください）。

fig. **2019年10月の投稿**
（ハッシュタグ：21566、その他：7229）

2か月の間にハッシュタグの数は20分の1くらいに落ちていますが、「その他」（発見）からの流入が増えています。こういう場合、シードアカウントが増えている状態と解釈していくといいです。

fig. **2019年12月の投稿**
（ハッシュタグ：1096、その他：11891）

さらに2か月後、ハッシュタグの数はそれほど変わりませんが、その他（発見）からの流入が倍以上に増えています。

fig. **2020年2月の投稿**
（ハッシュタグ：4523、その他：23885）

さらに2か月後、ハッシュタグからの流入も増えていますが、「その他」（発見）からの流入が80万超えと、桁が違うことがわかります。

fig. **2020年4月の投稿**
（ハッシュタグ：11493、その他：803840）

このようにハッシュタグからの流入は、数字的にも大幅にアップするということはありませんが、InstagramのAIが味方になっておすすめしてくれることにより、発見欄からの流入が爆発的に増えることがあるのです。ですから、ハッシュタグに凝るよりも、AIに対してシグナルを送ることを意識して、AIに記憶されたら、投稿のクオリティを上げていくことが大切なのです。

フォロワーの増加をグラフで見ると、こんな感じです。

fig. フォロワー数と日付

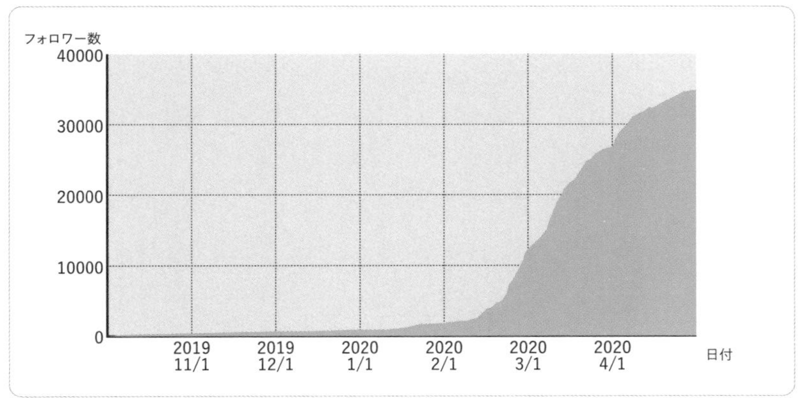

2019年9月に運用を開始してから2020年1月半ばくらいまで、フォロワーはそれほど増えていないのに、2020年2月半ばから急激に増えています。

フォロワーが増えていない期間、ぼくが何をしていたかというと、まず運用初期の段階でシグナルがしっかり遅れている状態をつくりつつ、投稿記事のクオリティを上げるようにブラッシュアップしていました。

結果的に、保存数15029人のユーザーに保存してもらえるようになっています。ニッチなジャンルでの数字なので、メジャーなジャンルならもっと大きな数字が動くと思われます。

23 サムネイルからAIに好かれるキーワードを見つけよう

なぜ「文字投稿が良い！」とわれているのか？

Instagramで投稿する際の最初の画像を、サムネイル画像と定義します。

InstagramのAIは、あなたが投稿している画像を解析しています。

どういった情報を読み取っているのかということはブラックボックスなので正確にはわかりませんが、たとえば、あなたがかわいいワンちゃんが散歩している写真を投稿したとしたら、「dog」「animal」「walking dog」などの情報を、AIは読み取っています。

ということは、日本語で「犬のしつけ」という文字を写真に入れて投稿すれば、「犬のしつけ」という言葉を、InstagramのAIは読みとることになるのです。AIが「犬のしつけ」という文字を読み取るということは、「犬のしつけ」というワードがシグナルとしてAIに送られているということになります。そして、かわいいワンちゃんの写真を投稿したアカウントは、犬に関心があって、「犬のしつけ」にも興味がある、という情報をAIに記憶させることができるのです。

これらのことを効率的に行っていきます。

お片付けコンサルタントのサリさんのアカウントを例に挙げて解説します。フィード投稿を遡っていって、極端に「いいね」が多い投稿と、その前の3～5投稿分のサムネイルを見ていきます。

fig. フィード投稿を遡る

上記から拾える片付けと関連しそうなワードは、「片付け」「買い物依存症」「生活感」「超シンプル」になります。

右上にある「一時しのぎの片付けを続けた結果」は、その前に投稿されている投稿の評価が高めのためエンゲージが溜まり、InstagramのAIからおすすめされて「いいね」が多いことがわかります。ですので、これらのワードは、InstagramのAIから好かれやすいワードだということです。このようにサムネイルで使用されているワードをピックアップして、記録しておくようにしましょう。

そして、ピックアップして記録したハッシュタグと比較して見ていくことで、よりAIから好かれやすいサムネイル画像を作ることができます。

開発に協力した便利ツール

モデリングするアカウントで「ハッシュタグが何回使われているか」「そのハッシュタグを使用したときのエンゲージ率」が一目でわかる便利な開発に協力したのでご紹介しておきます。

本書の最後のQRコードからアクセスできますので(P223)、お役に立てばうれしいです(2023年10月現在では無料で使用できます)。

チェックポイント

ここでは、ハッシュタグでの露出について解説していますが、アカウントが育っていけば、発見からの流入のほうが圧倒的に多くなるので、ハッシュタグの選別に時間を使うより、見込みのお客さまのお役に立つ、裏に隠れている感情に届いて共感が生まれるように投稿をブラッシュアップしていくことが大切です。

Chapter 6

Step5

AIが味方になる 〜プロフィールづくり〜

インスタビジネスを展開していく上で、プロフィール名を戦略的に決めていくことはとても重要です。なぜなら、未来の見込みのお客さまがついてくる心理的なポイントを押えつつ、検索需要というものを把握していく必要があるからです。これがうまくいけば、AIが自然に集客してくれる状況をつくれるはずです。

24 3つの視点からプロフィール名を考える

フォローにつながるプロフィール名3つの視点とは？

Instagramをお仕事で活用していく上で、プロフィール名を戦略的に決めていくことはとても重要です。なぜならば、未来の見込みのお客さまの心理的な部分も考えつつ、検索需要というものを把握していく必要があるからです。

以前のInstagramでは、「ハッシュタグ検索」「スポット検索」「指名検索（名前やサービス名などで直接検索）」だけでしたが、現在は、キーワード検索ができるようになっています。

わからない方は、Instagramの画面で、「虫めがねマークをタップ」→「検索したいキーワードを入力」→「虫めがねマークの付いたキーワードをタップ」とやってみると、キーワードに関連した投稿がたくさん出てきます。

また、画面情報にあるタブをタップすると関連すると「アカウント」「音源」「ハッシュタグ」「場所」が出てくるはずです。

fig. キーワード検索

何かのキーワードで検索するユーザーは、今すぐそのキーワードに関連することを知りたい、もしくは解決したい「今すぐ層」の見込みのお客さまになります。

Instagramは、なんとなく見ているユーザーがほとんどということはお伝えしましたが、**この「今すぐ層」は、熱量が一番高い見込みのお客さまなので、「検索されるキーワード」をプロフィール名に入れておくことを意識していきましょう**。

また、あなたのアカウントが検索結果の一覧に表示されたとしても、タップしてもらえなければ、プロフィールまでたどり着いてフォローしてもらうことはありません。ですから、さらにあなたの投稿を見てくれた人がプロフィールまで来てくれたときに、確実にフォローしてもらえるようなプロフィール名をつくる必要があります。

そこで大切なのが、「共感性」と「権威性」になります。

共感性とは感情を共有して、親近感をもってもらうこと。たとえば、「〇〇ママ」と入れることで、お子さんのいる女性からは、親近感をもってもらえる可能性があります。

権威性とは、あなたの社会的立場。たとえば、ある分野の専門家など広い知識があったりすると、権威性が高いといえます。

まとめると、フォローにつながるプロフィール名の3つの視点は、

- **検索されるキーワード**
- **共感性**
- **権威性**

これら3つの視点から考えていくといいでしょう。

フォローにつながるプロフィールの実例

と言われても、実際、自分に当てはめてみたらどのようにしたらいいのかわからない人もいると思うので、いくつか例を挙げて説明していきます。

fig. プロフィール実例1

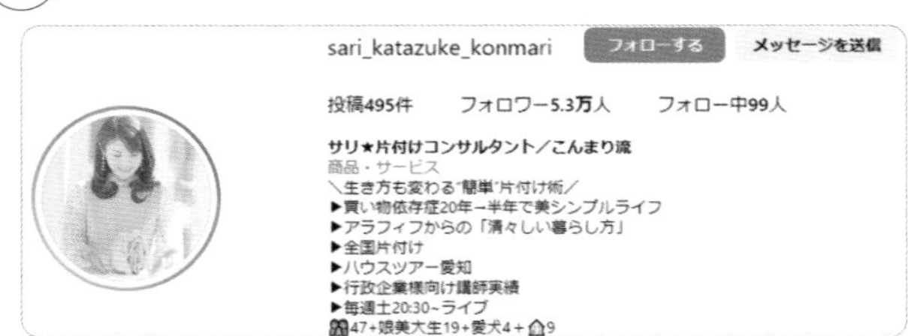

- **検索されるキーワード：**
  片付け、片付けコンサルタント、こんまり、こんまり流
- **共感性：こんまり流**
- **権威性：片付けコンサルタント、こんまり流**

大人気のこんまりさんとのアンカリングがとてもうまいです。検索予

測ツールで調べてみても、こんまりさんのキーワードは検索需要もあるので、検索からの流入も視野に入れた構成が素敵です。

fig. プロフィール実例2

- **検索されるキーワード：**
  子育て、子育て迷子、ママ、育児
- **共感性：子育て迷子、ママ、ゆる育児**
- **権威性：育児ナビゲーター**

「子育て迷子」「ゆる育児」という共感を呼びそうな言葉のチョイスが、問い合わせにつながっていると思われます。また、「ナビゲーター」という言葉も、ほかのコンサルタントと差別化がされていて、共感に向けた構成がとても素敵です。

fig. プロフィール実例3

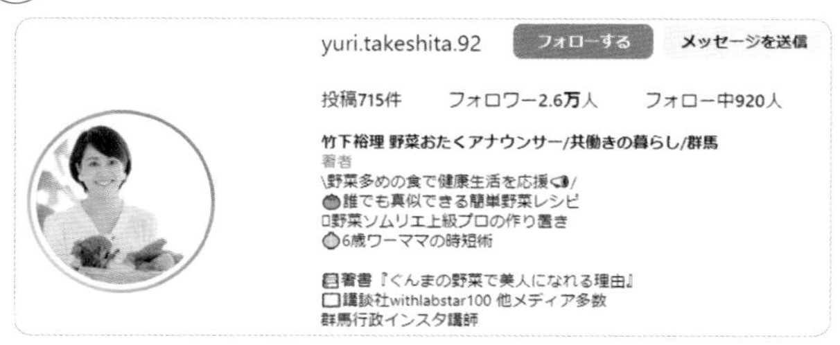

- 検索されるキーワード：
  野菜、アナウンサー、共働き、暮らし、群馬
- 共感性：野菜おたく、アナウンサー
- 権威性：野菜おたくアナウンサー

アナウンサーという一見固そうなイメージを「野菜おたく」というワードと組み合わせることで、柔らかくしているところがうまいと感じました。群馬という地域キーワードも入れているのもお仕事に繋がる流れをつくっています。

fig. プロフィール実例4

投稿252件　フォロワー8280人　フォロー中271人

堀之内ゆか｜起業ママのためのビジネスコーチ / シングル3児の母

@yukaaa.737

▶価値観に合ったビジネスで、自分もお客さまも家族も幸せになれる情報を発信
▶成果が出る考え方＆ノウハウをワーク付きで投稿中
▶助産師→起業1年で年商8桁
▶顧客売上UP率95%⤴
▶起業ママの日常はコチラ→ @yukaaa.2929

- 検索されるキーワード：
  起業、起業ママ、ママ、ビジネス、
  ビジネスコーチ、シングル、母
- 共感性：起業ママ、ママ、シングル３児の母
- 権威性：ビジネスコーチ、シングル３児の母

「起業ママのため」と、誰のために発信しているのかということを先に書いているところがいいです。また、3児の母という言葉とアイコンのギャップが素敵です。「ママ」「母」という2つの言い回しを使っているところもさすがと感じました。

fig. プロフィール実例5

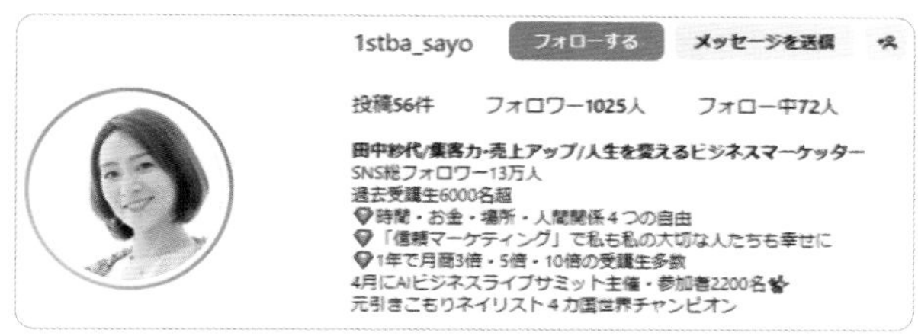

- **検索されるキーワード：**
  集客、集客力、売上、売上アップ、人生を変える、ビジネス、マーケッター
- **共感性：人生を変える**
- **権威性：人生を変えるビジネスマーケッター**

一見共感性が薄いかなぁと感じるかもしれませんが、ターゲットが検索するであろうキーワードが不自然ではない形で盛り込まれていて、かつ権威性を形作っているところはすばらしいです。より、「人生を変える」という言葉が引き立ちます。

名前は一番左に書くことがおすすめ！

横書きの文章を、人はたいてい左から読みますよね。ですので、特殊な読み方をしない限り、一番最初に目にするのは、一番左の言葉です。

また、当たり前かもしれませんが、日本で生まれて日本に住んでいる限り、見る機会が一番多い文字というのは、日本語の文字です。

あなたが誰か知らない人のアカウントを見た場合、一番最初に目が行って、意味を捉えるのはどこだと思いますか？　おそらく、大半の人は、プロフィール名の一番左にある言葉だと思います。写真なりイラストなりのアイコンに目がいくにしても、意味として一番最初に捉えるのは、プロフィール名です。

プロフィール名は運用途中で変更する可能性があります。ということは、一番変更する可能性の低い言葉を一番左にもってくる必要があるのです。なぜかというと、乱暴な言い方かもしれませんが、あなたの熱狂的なファンでない限り、あなたのインスタを探してまで見ようとは思いません。ですので、プロフィール名とアイコンのセットで覚えておいてもらう必要があります。

しかし、にもかかわらず、プロフィール名の一番左に来る言葉が変わってしまったら、どうでしょうか？

たとえば、「サウナで人生を変える伝道師/しんのすけ」というプロフィール名でサウナ愛を伝えるインスタを始めたとします。

運用しているうちに「プロフィール名を変えた方がいいのでは？」と思い立ち「『ととのう』で人生を変えるサウナの伝道師/しんのすけ」と変更したとします。書いてある意味はそんなに変わりませんが、見た目が変わります。

サウナで人生を変える伝道師/しんのすけ

↓

「ととのう」で人生を変えるサウナの伝道師/しんのすけ

こうなるとパッと見、誰なのかわからなくなり、フォロー外しの原因になると思いませんか？　また、フォローまで至らないけど、気になってくれている人にとっては、ぼくのサウナのアカウントがわからなくなってしまい、認知がゼロに戻ってしまうのです。

ですので、一番、変更する可能性の低い名前を一番左にもってくるとこれらのリスク回避に繋がります。

しんのすけ｜サウナで人生を変える伝道師

↓

しんのすけ｜「ととのう」で人生を変えるサウナの伝道師

どうでしょうか？ 「しんのすけ」というワードはそのままなので、その後の言葉が変更されていても、パッと見の印象は変わっていないのではないでしょうか。

このように一番変更する可能性の低い名前（あだ名）を一番左にもってきておくのは有効な手段です。

ワンポイント

個人的には、名前は「ひらがな」がおすすめです。何と書いてあるのか、日本語を読める人なら、だれでも一瞬で理解できるからです。権威性や知名度的な感じでブランディングしている場合を除いて、ひらがなで書いておいたほうが一瞬で覚えてもらいやすいです。

例えば、「良子」という名前。これは、「よしこ」「りょうこ」どちらでも読めます。

どう呼んでいいのかあいまいなため、覚えにくいのです。

人は文字を読んで記憶するときに声に出さなかったとしても、頭の中で音が出ていると言われています。たとえば、「しんのすけ」と書かれていれば、「しんのすけ」と頭の中で音が出ているのです。なんと読んだらいいのかあいまいな場合、頭の中で音が出ないので、覚えてもらいにくくなります。

25 AIに好かれるキャプションつくり

●どんな人がどんな発信をしているのか？

プロフィールまで来てくれた未来の見込みのお客さまが、あなたのアカウントをフォローするには、どんなことが書いてあると良いのでしょうか？

もしも、あなたが出版した本がベストセラーになっていたり、テレビや雑誌などで取り上げられていたり、あなたの名前で検索されるような立場だったりと、あなたの見込みのお客さまにとって、名前と顔、もしくは職種が一致するような立場だとしたら、ここでお伝えする内容は当てはまりません。

ここで解説するのはほとんど無名、言い換えれば、これから未来への可能性しかない人へ向けてのキャプション（説明文）つくりです。

キャプションづくりには、以下の5つの大切な要素があります。

「有益性」「再現性」「共感性」「権威性」「返報性の法則」

「有益性」とは、見込みのお客さまが抱える悩みの裏に隠れている感情に訴えかける内容のことです。先ほど挙げた、育児ナビゲーターのハルさんの例で説明しましょう。

fig. ハルさんの例

ハル | 子育て迷子ママのゆる育児ナビゲーター
子ども・子育て
育児書にとらわれない、ゆるっと子育てを発信
🌱手放し上手なママになる思考リセット術
🌱イライラしない子どもとの関わりのコツ
🌱周りに振り回されない自分軸の作りかた

この場合、「ゆるっと子育て」「思考リセット術」「自分軸の作りかた」が有益性になります。

また、再現性とは「すぐできそう」「簡単にできそう」など、プロフィールに訪れた人が自分でもできそうと感じてもらうようなイメージです。

- 「育児書にとらわれない」→「本を読まなくてもいいんだ」
- 「ゆるっと」→「きびしくないんだ」
- 「手放し上手」→「むずかしくなさそう」

が再現性になります。

共感性は、「ママ」の部分です。「お母さん」や「母」ではなく、「ママ」を使っているところも共感のポイントになります。

また、

👦小6ASD(神経発達症)👧小2繊細さん(HSC)

ここがメインの共感性のポイントになります。

ハルさんの見込みのお客さまは、子育てをしているママの中でも、障害を抱えるお子さんがいるママです。ですので、同じ障害をもつお子さんのママにとっては、この1行が一番共感するポイントとして記載して

いるんだと思います。

　もし、この1行がなかったとしたら、ハルさんのアカウントは、子育て迷子のママに向けたゆる育児の情報を発信していることになります。

　この1行がないとしても間違っているというわけではありませんが、ハルさんが提供しているのは、「障害を抱えるお子さんがいるママやそのコミュニティに寄り添ったサポート」になります。ですので、見込みのお客さまに向けた発信には、この1行がとても効いてくるのです。

　権威性は、社会的立場や専門分野で広い知識があることです。

　ハルさんのキャプションには、権威性らしき言葉は見当たりませんが、プロフィール名で「育児ナビゲーター」と記載していることと、有益性や再現性の伝え方で権威性は伝わると思いますので、あえて記載していないのかもしれません。

　返報性の法則とは心理学では有名な言葉で、「自分の行いはやがて回りまわって自分のもとへ帰ってくる」ということを説明した法則のことで、相手から何かを受け取ったときに「こちらも同じようにお返しをしないと申し訳ない」という気持ちになる心理効果 を指します。

　ハルさんでいうと、

🎁子育てが楽になるコツをプレゼント
↓無料メールレッスンはこちら
lit.link/haru386

　この部分になります。このプレゼントは見込みのお客さまにとっては、「同じように障害を抱えるお子さんを育てている育児ナビゲーターのハルさんが、子育てが楽になるコツが学べるレッスンを無料で提供しているんだ」と感じられるので、とても効果があるのです。

●コンセプトを書いても意味がない？

Instagramを徘徊していると、プロフィールのいちばん最初のところにコンセプトや理念、人生にかける想い、ミッション、ビジョンのようなことを書いているアカウントをよく見かけます。

それはそれで素敵なことなのですが、そのプロフィールに訪れたユーザーが、アカウントを運営する人がどんな人なのかがわからない場合、やたらと熱い思い入ればかり書いてもあまり意味がないと、僕は考えています。

たとえば、ぼくが主催しているInstagramの勉強コミュニティのミッションは、「ルールの向う側を狙う」「固定観念を取り払って生きがいを見つける仕掛け作り」、ビジョンは「女性が好きなことにお金を使える世の中を作る」「未来の子どもたちのための表現とインターネット」というものです。

この言葉をプロフィールに書いていたとしたら、どう思いますか？普段からやり取りがあるコミュニティのメンバーたちが読んだら「なるほど」と思ってもらえるかもしれませんが、ぼくのことを知らない人から見たら、「……で？」という素っ気ない反応になると思います。

大切なことなので何度も書きますが、Instagramの中にいるユーザーたちは、自宅のソファーでだらだらしながら見ていたり、暇な時間になんとなく見ていてる人たちのほうが圧倒的に多く、能動的に何らかの問題を解決しようとしてInstagramを使っている人たちは少数派です。

つまり、ほとんどの人があなたのことを、どこの誰だか知らないのです。アクセスしてくる人のほとんどは、なんとなくストーリーズを見ていたらたまたまあなたの発信が目に入ってきた人や、発見欄でたまたまあなたの投稿の画像が気になってタップした人たちなのです。

中には、広告であなたの名前を見て、Instagramで検索した人もいるかもしれませんが、あなたがどういう人なのか、くわしく知っているわけではありませんし、まだ、あなたに好意をもっている人ではありません。「体ひとつあれば、だれもがアスリートだ」とは、有名なNIKEのミッションに書かれている言葉ですが、だれもが知るNIKEというブランドの認知や実績を知っているからこそ、この言葉が響くのです

ビジネスをしていくのに、コンセプトや理念、人生にかける想い、ミッション、ビジョンを掲げることは、とても大切なことです。ですが、Instagramのプロフィールでそのことを書いても、ほとんどの人に理解してもらえないということになります。

では、はじめて訪れた人にどう思ってもらえればあなたのアカウントをフォローしてくれるのかというと、「フォローしておいたら、良いことあるかも？」と感じてもらうことです。そのための方法のひとつとして、「あなたが誰でどういうことを発信しているのか？」ということをプロフィールの最初に書いておく必要があります。

なぜ最初に書いておく必要があるのか？

あなたのことを知らないユーザーさんが、あなたのプロフィールに訪れてくるまでには、以下の３つのルートがあります。

❶発見欄やハッシュタグ検索からあなたの投稿を見つけて、投稿を読み、興味があればアイコンをタップして訪問

❷虫めがねマークから何かを検索しようとして、候補に挙がったあなたのアイコンとプロフィール名をタップして訪問

❸ストーリーズやリールを見ていて気になったら、あなたのアイコンをタップして訪問

そして、プロフィール画面に見えるのは、あなたのアイコン、プロフィール名、説明文の最初の文章です。ですので、プロフィール文を全部読んでもらうためには、「続きを読む（もしくは、もっと読む）」をタップしてもらう必要があります。ユーザーさんにとって、なにか興味を引く理由がない限りはタップしません。

ですので、タップしたくなるような流れを、「アイコン」「プロフィール名」「説明文の最初の文章」でつくる必要があります。だからこそ、プロフィール文の「続きを読む」の前にどんなことが書かれているのかが、とても大切になるのです。

26 あなたが立つべきポジションを決めよう！

誰に、なにを伝えて、どうなってほしいか？

「誰に？」

もちろん、Instagramにいるあなたのターゲット（見込みのお客さま）のことです。ですが、具体的にはどういう人なのかと聞くと、「うちのサービスを心から良いって思ってくれる人だよ！」という声もあります。

もし、あなたのサービスが売れに売れて、数年後まで予約でいっぱいな状態でしたら、上記のような考え方で良いのかもしれません。ですが、ほとんどの場合、そうした考え方で購入してくれる人なんて現れないでしょう。なぜかというと、それが極めて自分本位な考え方だからです。

もちろん、心から良いと思ってもらえるくらいしっかりしたサービスでしたら、お客さまの満足度は高いかもしれません。ですが、その前段階ではInstagramのあなたのサービスを知ってくれたり、ファンになってくれるユーザーは皆無に等しいのです。

ですから、まっさらな気持ちになって、どんな人に対して、Instagramから発信していくのかを考えていきましょう。

「なにを伝えて、どうなってほしいのか？」

悩みの裏にあるマイナスの感情を「認める」「受け止める」「褒める」ことで、見込みのお客さまにどうなってほしいのか？　ということを言語化していきます。

たとえば、「副業の売上が上がらない」という悩みを抱えている会社

員の悩みの裏には、

- **売上が上がらなかったらどうしよう!?と不安でたまらない**
- **仕事が嫌いなわけじゃないけど、好きなことを仕事にできていなくて悶々としている**
- **休みの日でも、自分の時間が作れなくて将来が不安**
- **起業して活躍している女性がうらやましい。そう思う自分にイライラする**
- **起業すると言っている家族や友人に対して恥ずかしい**

というようなマイナスの感情が隠れています。

これらのマイナスの感情を「認める」「受け止める」「褒める」ことで、どうなってほしいのか？　悩みを解消して、独立して起業してほしいのでしょうか？　好きなことで収入を得る喜びを感じてほしいのでしょうか？　はたまた、だれもが羨むようなキラキラした人生を送ってほしいのでしょうか？

このように「どうなってほしいのか」ということを言語化しておくことで、投稿していく内容自体が大幅に変わることはありませんが、ちょっとしたニュアンスに変化が生じます。独立して起業してほしいのであれば、自然と書いていく文章の中に「独立」や「起業」という言葉が多くなってくると思いますし、好きなことを仕事にしてほしいのであれば、「わくわく」とか「楽しさ」、「一緒に」というような言葉が増えます。

もし、あなたが文章力に自信がなかったとしても、読んでくれる読者にどうなってほしいのか？と　いうことを言語化しておくことで、あなたの考え方や想いなど、あなたにしか出せないオリジナリティ（独自性）につながっていきます。

AIの技術は、さらに進化を遂げていきます。ということは、有益な情報だけなら誰でもつくれるようになりますし、検索も感嘆にできてしまいます。その中で、あなたと会いたい、あなたと話したい、あなたから買いたいというように、お客さまから求められる存在になっておくためには、見込みのお客さまの人生がより良い方向に向かうためにどうなってほしいのかを言語化しておくことはとても重要です。

そして、あなたは どう思われたいのか？

あなたは、見込みのお客さまにどう思われたいですか？

専門家だと思われたいのでしょうか？　支援してくれるサポーターだと思われたいのでしょうか？　一緒に歩いていくコーチだと思われたいのでしょうか？　先生だと思われたいのでしょうか？

どのようなポジションだと思われたいのかによっても、発信していくニュアンスは微妙に変わってきます。このニュアンスが変わることで、フォロワーさんの質も変わります。

たとえば、スクール的なビジネスをしているのでしたら、先生として思われるようなスタンスが結果につながりやすいと思いますし、コミュニティをつくりたいなら、支援してくれるサポーターや一緒に歩いてくれるコーチとして見られていたほうが人を集めるには良いかもしれません。

また、職種に限ったことではありません。たとえば、あなたがレストランを経営していて、ファミリー層のお客さまに来てほしいと思っているとします。そして、お子さんをもつ親御さんに対して、子連れでも楽しめるアットホームなお店だと思ってほしい、と思っているとします。すると、必然的にアイコンの写真はやさしい感じや温かみのある写真を選ぶでしょうし、発信する内容も、お子様でも楽しめるおもてなしやお店の雰囲気を醸し出していくことと思います。

見込みのお客さまにどう思われたいのか？　ということを事前に決めていくことで、使う写真、使う言葉、語尾の言い回しなど、些細なことのチューニングが合っていきます。

悩みの深掘りをしたことで、あなたの中には、見込みのお客さまの悩みの裏に隠れているマイナスの感情と、その感情を「認める」「受け止める」「褒める」という共感を生み出す行為が無意識に入っています。

目をつぶって、お客さまにどんなふうに思われたいか？　を考えてみてください。そして、それが叶ったというイメージで、お客さまにどんなことを伝えるか？　それも考えてみてください。

伝わったとき、お客さまはどんなふうになりましたか？

そんなイメージで、考えてみてください。

Chapter 7

アカウント設計後の行動計画を立てよう

インスタビジネスを考える際、誰でも「どうすれば売上につなげられるのか？」という自分目線で物事を考えがちです。ですが、ここで第一に重要なのは、まずお客さまの視点に立つことなのです。お客さまが喜ぶようなことをしたことで、次にどんなことが起こるのか？　そこまで見据える視点が必要なのです。

27 最初の1ヵ月の行動計画の立て方

まずはシグナルを送る

本書を読んでいる方の中には、これからInstagramをはじめる人もいれば、すでに運用をしている人もいると思います。

すでに運用を開始している人は、Instagramの発見欄（虫めがねマーク）を見てみてください。おすすめの投稿一覧が、あなたの発信しているジャンルの投稿で6〜7割埋め尽くされているなら、このページでお伝えする内容はクリアできていると思います。

逆におすすめの投稿一覧にあなたの発信しているジャンルとは関係のない投稿が3〜4割混じっている人は、自分ごととして読み進めていってみてください。

これからInstagramを運用していくという"てい"でお話しします。

最初の1ヶ月ほどは、投稿をしてもほとんど反応がありませんし、インプレッションやリーチなど、いわゆる閲覧してくれる人も少ないです（リールではなく、フィード投稿で運用していく場合）。

「せっかくアカウント設計をして、悩みの深掘りをして、AIが味方になってくれやすいプロフィールをつくって投稿したのに、誰にも見てもらえないなんてさみしすぎる」と思っても、焦らないでください。

最初に大切なのは、あなたがどんなことに関心をもっていて、どんな人と繋がっているのかを、InstagramのAIにシグナルを送って記憶させることです。ですので、初めのうちは、InstagramのAIに自己紹介する（シグナルを送る）ことに注力してみてください。なぜならば、あなたがどんなにいい投稿をしても、InstagramのAIに記憶されていなければ、おすすめに載ることはないからです。

よくある間違い

運用初期でよくある間違いとしては、Instagramをはじめてから、お友だちや知り合いに紹介しまくって見てもらったり、フォローしてもらったりすることです。運よく波に乗る場合もありますが、ほとんどの場合、Instagramのビジネス活用としては、マイナスポイントになります。

たとえば、ハンドメイドが好きで、Instagramでハンドメイド作品を販売しようとしている女性がいるとします。大勢の人に自分のハンドメイド作品を見てほしいので、地元のお友だちや職場の同僚や上司に自分のInstagramアカウントを紹介して、フォローしてもらって、運用開始してから1週間くらいでフォロワーが100人近くになったとします。幸先のいいスタートを切れたと思うかもしれませんが、これが大きな間違いなのです。地元のお友だちには、お花屋さんもいれば、お好み焼き屋さんもいますし、エステサロンを経営している人もいるかもしれません。職場の同僚はサウナ好き、おしゃれ好きかもしれませんし、ゴルフにハマっているかもしれません。お花屋さんはお花の投稿をしているかもしれませんし、お好み焼き屋さんはおすすめ豚玉の投稿をしていたり、週末に行ったサウナで撮影した写真を投稿したり、旬のコーデの投稿やゴルフスイングを発信しているかもしれません。

これがInstagramのAIからどういうふうに見えているかというと、プロフィールには「ハンドメイドが好き」と書いてあるけれど、お花やお好み焼き、サウナ、コーデ、ゴルフの人たちとつながっているアカウントと認識されてしまっているのです。これでは、「どんなことに興味があって、どんな人と関係性をもっているか？」というシグナルが散らかってしまいます。結果的にシグナルとして一番送りたい「ハンドメイド」がぼやけてしまう形で、AIに記憶されてしまうのです。

一番投稿を見てほしい相手は、オリジナルのハンドメイドグッズに興味津々なユーザーさんですよね。**ですが、お友だちや知り合いと先に関係をつくってしまうと、一番見てほしい人に届きにくくなってしまうのです**。また、お友だちやお知り合いは、最初の数日間は見てくれるかもしれませんが、そもそもハンドメイドに興味がない可能性が高いので、週間もすれば、飽きられて見られなくなります。あなたも経験があるかもしれませんが、「フォローしてね」と言われて、義理でフォローしたアカウントを今でも頻繁に見ていますか？

こうなってしまうと、フォロワー数はそれなりに一定数であるものの、伸びにくいアカウントになってしまうのです。

2パターンのチェック方法

あなたのアカウントのシグナルがちゃんと送られているかどうかのチェック方法は、2パターンあります。

パターン❶

発見欄を見て、おすすめ一覧にあなたが発信しているジャンルの投稿が出ているかどうかを確認してください。目安としては、6〜7割出ていれば大丈夫です。

fig. 発見欄を確認する

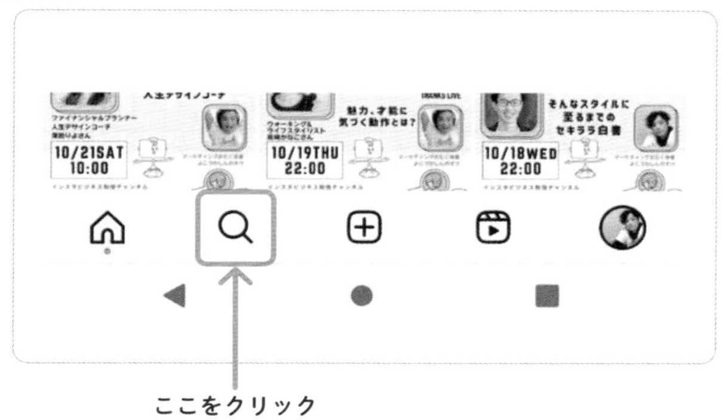

パターン❷

メインのアカウント以外、もしくは、ご家族や知り合いの人にあなたのプロフィール画面のおすすめを確認してもらってください。あなたが発信しているジャンルのアカウントがでてくれば、まずは大丈夫です。

fig. プロフィール画面のおすすめを確認する

ホームの数字を意識する

ホームというのは、「家」のマークをタップすると出てくるタイムラインのことです。

このホームには、あなたがお気に入りに登録しているアカウントや、フォローしている人の投稿が出てきます。

Instagramからおすすめされている投稿も出てくるので、正確ではありませんが、インサイトのホームの数字を見ることで、フォロワーさんにどれくらい見てもらっているのかどうかを確認することができます。

fig. インサイトの確認方法

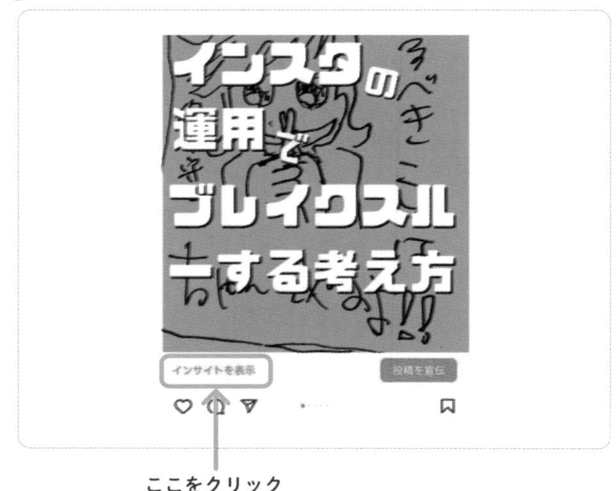

ここをクリック

運用初期のころは、アカウントのパワーがありませんので、フォロワーさん以外にほとんど露出しません。ですので、投稿のエンゲージを高めていくには、現フォロワーさんに投稿を見てもらう必要があります。

方法としては、まずはストーリーズで投稿を紹介して、フォロワーさんに「投稿した」という事実をお知らせしていきます。ホームのタイムラインからは、フォローしてくれている人全員に露出するわけではないため、ストーリーズでの紹介が大切なのです。

最初の1カ月は、シグナルを送ること、インサイトでホームの数字を気にすることを意識して身につけていきましょう。

これだけ？　と思うかもしれませんが、AIを味方にしていくためにはとても大切なことです。最初の地盤をしっかりつくりましょう。

28 フィード投稿で どこに気をつけるか？

●エンゲージを高める3つのポイント

Instagramの AIが、あなたの投稿をどのように評価しているかというと、あなたの投稿に対してのユーザーの反応を、インサイトの数字を記録する形で判断しています。そして、エンゲージメントが高い投稿を続けることで、あなたのアカウントの評価が上がり、あなたとはまだつながっていないユーザーさんたちにの発見欄から、おすすめ投稿として紹介してくれます。

ですので、エンゲージメントを高める目的は、おすすめ投稿として紹介されるためだということを、まず意識してみてください。

そこで大切なポイントは、

❶投稿の質を上げる
❷滞在時間を増やす
❸コミュニケ―ションを取っていく

この3つです。

❶投稿の質を上げる

いい投稿をしていこう！と思って闇雲にがんばっても、労力ばかりかかって、出口が見つかりません。ですので、投稿の質を上げる要素を5つに分けていきます。

❶ 有益性

あなたが知り合いや職場の同僚、ご家族などに伝えたときに「なるほど！　そういうことか！」とか、「たしかに一理あるよね！」「へぇ〜、そうだったんだぁ」などと、リアクションをもらえるようなことです。数字などのデータを表にしたり、投稿の最後でポイントをまとめてあげたりすると、保存が伸びやすい傾向があります。

心理状態としては、「もう一度見たい」という気持ちをもってもらうことを意識するといいと思います。

たとえば、「業務スーパーで揃えたい調味料7選種」のような切り口の投稿なら、業務スーパーへ行く可能性のある人は、「今度行くときにまた見よう！」と保存したくなるでしょう。有益性とは、このようなイメージです。

❷ 再現性

「誰でもできる！」と思ってもらえるような、再現可能なことを伝える要素です。「簡単に真似できそう！」「明日からやれそう！」「寝る前にやってみよう！」などのリアクションをもらえるイメージです。

たとえば、「寝る前の3分でできる思考整理」という切り口の投稿なら、忙しい人にとっては、「3分でできるならやれるかも？　忘れちゃうから保存しておこう」というような流れで保存につながります。

❸ オリジナル性

あなただけのオリジナルと考えてしまうと、ハードルが上がってしまいます。専門書を書くわけではありません。「あなたの価値観や経験してきたことは、ほかの誰のものでもなく、あなただけのもの」といった程度の意味のオリジナル性です。

たとえば、一卵性の双子の兄弟がいたとしても、見る視点や経験したこと、会話など、全く同じことなんて事実上、ありえません。ということは、あなたの価値観というのは、あなただけのものなのです。

あなたの体験や経験を織り交ぜたり、その時の感想や考え、価値観を伝えていくことで、あなただけの文章になります。オリジナル性を打ち出すのは、実はそれほどむずかしいことではないのです。

❹ トレンド性

「トレンド＝流行」と読む方もいるかもしれませんが、ここでいうトレンド性とは、もう少し広い意味のことです。

春夏秋冬、お正月やひな祭り、こどもの日、夏休み、運動会、クリスマスなどのイベントごともトレンド性になります。

たとえば、お料理アカウントをやっている人がさつまいものレシピを投稿すると仮定すると、切り口は「バレンタイン向け」「受験勉強の夜食向け」「秋シーズン向け」「水着を着るためのダイエット向け」「クリスマス向け」「お正月向け」と、トレンド性を取り入れた切り口はたくさん出てくると思います。

❺ 共感性

本書で最も強くお伝えしている部分です。有益性や再現性は大切な要素ですが、それだけでは、ネットで調べれば見つけることができますし、ただの情報になってしまいますので、ファン化には繋がりません。

あなたの実体験や経験を元に想いや考えを伝えていくことで、オリジナリティにも繋がり、ファン化を加速させていきます。

②滞在時間を増やす

InstagramのAIは、あなたの投稿を見てくれたユーザーがどのくらいの時間、滞在しているのかを記録しています（滞在時間はどのくらいがいいのかという問題は、Instagramのさじ加減に左右され、時間が経てば有効な情報でなくなるため、本書では省きます）。

2023年夏現在、Instagramから滞在時間を計測する機能や手段を知るサービスを提供する様子はありませんので、お伝えするのはあくまでも予測になります。

投稿画像は10枚が基本

投稿画像の構成は、以下のような10枚が基本です。

1枚目：サムネイル画像
2～9枚目：投稿内容の詳細を示す画像
10枚目：いいねや保存、フォローなど行動を促す画像

スワイプする時間も考えると、10枚がベターですし、動画も織り交ぜて行くと滞在時間を多く稼ぐことができます。

サムネイル（1枚目の画像）のいちばん大切な役割は何だと思いますか？　それは、スワイプして、2枚目を読んでもらうことです。

では、2枚目の役割は？　3枚目を読んでもらうことです。

3枚目以降の役割は？　答えは、次の画像を読んでもらうことです。

では、次の画像がない10枚目の役割は何だと思いますか？

それは、行動（アクション）してもらうことです。

キャプション欄を工夫する

Instagramのユーザーさんは、「写真や画像が好き」「でも、検索するほどじゃない」「文字はあまり読まない」と言われていますが、実はキャプションを整えることは、とても大切なのです。

なぜなら、キャプションまで読んでくれるユーザーさんは、熱心にあなたの投稿を読もうとしてくれている人たちだからです。

「写真や画像が好き」で「検索するほど情報を調べている」わけではなくて「文字をあまり読まない」のに、キャプションまで目を通そうとしてくれている。あなたの投稿を熱量をもって読んでくれようとしている、そんなユーザーさんを放っておいてはいけません。

キャプションを書くときに気を付けること

- 改行を多めにして、一行25文字くらいにする
- 3行以上連続する場合は、空白の行を1行入れる
- 漢字を多用しない　例）× ●●な事→○ ●●なこと
- 女性をターゲットとするなら絵文字を入れる
- 文章最初と最後にセルフメンション（@自分のアカウントID）を入れて、プロフィールへの導線を作っておく
- 画像で伝えたことの要約を入れる
（→長くなくていいので、一文くらいで要約した文章を入れる）
- 追加情報があれば入れる
（→画像だけでは伝えきれてない情報やワンポイント的なことがあれば入れる）
- 気持ち、想いを伝える
（→あなたがInstagram運用をしている想いを、重くならないように一言加える）
- アカウントの説明
（→プロフィールに書いてあるような、どんな内容を伝えているのか、読むとどうなるのかを簡単に書く）

具体的な文章構成は、以下のようになります。

キャプション欄の構成

❶セルフメンション

❷まとめ

❸情報を追加

❹気持ちを伝える

❺アカウントの説明

❻セルフメンション

❼ハッシュタグ

以下は、「キッチンの片付けのコツ」を投稿した場合のキャプションの例です。さきほどお伝えしたポイントを確認しながら見てみてください。

fig. キャプションの例（「キッチンの片付けのコツ」を投稿した場合のキャプション）

@自分のメンション←ほかの片付け方法はこちらから！ ─ ❶セルフメンション

キッチン片付けのコツは

・使うものには住所を作る！
・100均グッズを利用する！
・食品ストックは賞味期限が基準！

いいところ
・食品ロスがなくなる
・気持ちいい
・不用意なケガ防止

─ ❷まとめ

１日10分からでも
十分ですので

取り入れてみてください＾＾

ちなみに冷蔵庫のドア収納は
けっこう温度変化があるので

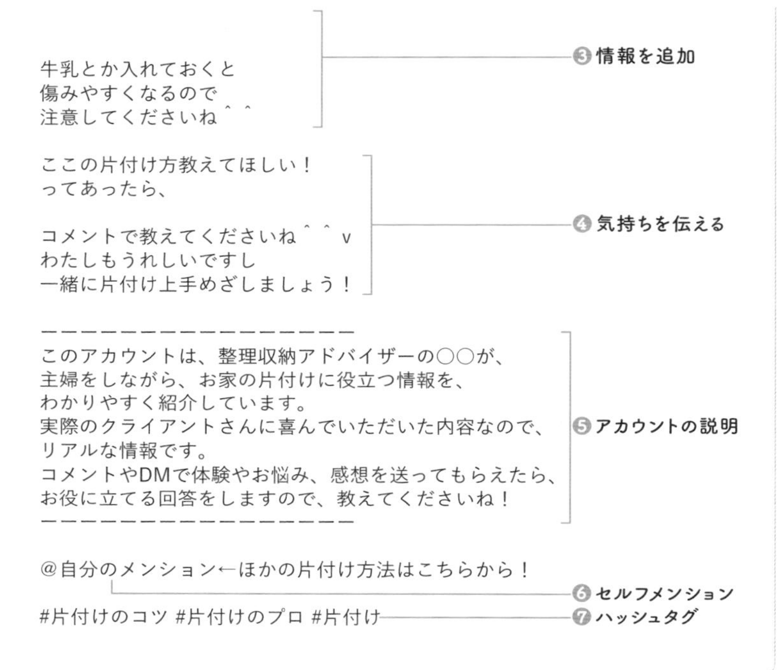

コミュニケーションを取っていく

SNSというプラットフォームで大切なことは、ユーザー同士の相互間のコミュニケーションです。Instagramも例外ではなく、相互間でコミュニケーションを取っていくことは、アカウントパワーや投稿のエンゲージを高めるのにとても重要です。

コミュニケーションでわかりやすいのが、コメントやDMです。しかし、あなた側から一方的にほかのアカウントにコメントしたり、DMを送ったりし過ぎると、AIからスパム扱いされてしまい、ペナルティを受けてしまう場合もあります。投稿をしてもフォロワーさん以外のユーザーに露出されない、いわゆる「シャドウバン」と呼ばれる状態になったり、アカウントを停止されてしまうこともあります。

そこで大事なのが、相手からコメントをもらったり、DMをもらうことです。**コメントやDMが来たときには、そのまま放置しないで「いいね」をしたり、コメントやDMに返信したりするようにしましょう**。

Aさんからコメントが来る→あなたはAさんのコメントに「いいね」して、コメントを返す。これでコメントのカウントは「2」。やり取りは一往復（相互間のコミュニケーションが成立）。

さらにあなたの返信に対してAさんが返信→Aさんの返信に対してあなたがコメント。これでコメントのカウントは「4」。やり取りは二往復（相互間のコミュニケーションが成立）、というような素敵な状態になっていきます。投稿の度にコメントしてくれる人が2、3人いれば、コメント「10」ぐらいにはすぐに行くので、コメント数を安定させるのはそれほどむずかしいことではないのです。

コメントには「いいね」をして、なるべく速く、丁寧にお返事していきましょう。

ここで、「だったら、グループを組んで、コメントし合えばいいのでは？」と思う方もいるかもしれません。

組織的にアカウントを伸ばそうとする行為はInstagramのルールで禁止されているので、毎回、「組織的に行っている」とAIから判断されて、ペナルティになる可能性があります。

グループを組んでコメントし合うのではなく、コメントをもらう工夫を積み重ねて行きましょう。また、安易にコメントをもらおうとするよりも、相手のことを考え、工夫を積み重ねていくこと、これが、Instagramに限らず、SNSでうまくいくための王道です。

29 ストーリーズで何をするのか？

ストーリーズ3つの役割

ストーリーズには、大きく分けると、以下の3つの役割があります。

役割❶　新しい投稿をフォロワーさんに知らせる
役割❷　外部のサイトへ誘導する
役割❸　現フォロワーさんからの信頼度のランクアップ

役割❶　新しい投稿をフォロワーさんに知らせる

投稿したからと言って、フォロワーさん全員に投稿のお知らせが届くわけではありません。

また、投稿するとフォロワーさんのホームで紹介されますが、投稿のエンゲージが良かったとしても表示される割合は決まっているので、あなたの投稿が必ずフォロワーさんに見てもらえるとは限りません。ですので、ストーリーズでフォロワーさんにお知らせすることが大切です。

投稿したら必ず、ストーリーズで紹介するようにしましょう。

役割❷　外部のサイトへ誘導する

サービスを購入してもらうためには、外部のサイトに誘導したり、LINEやメルマガに登録をしてもらったり、Instagramから外部への導線をつくることが必要になります。**ですので、外部サイトへの誘導がインスタビジネスにおける大本命になります。**

しかし、外部サイトに誘導するということは、商売っ気（セールス感）

にもつながります。あまり多用すると、「この人は商品を売ろうとしているんだ」とせっかく築いた信頼関係が崩れてしまいますので、ここぞというときだけに外部に誘導するようにしましょう。

役割❸　現フォロワーさんからの信頼度のランクアップ

このフォロワーさんからの信頼度をランクアップさせていくことがストーリーズを活用していく上でいちばん大切で、いちばん面白い部分になります。

fig. ストーリーズ３つの役割

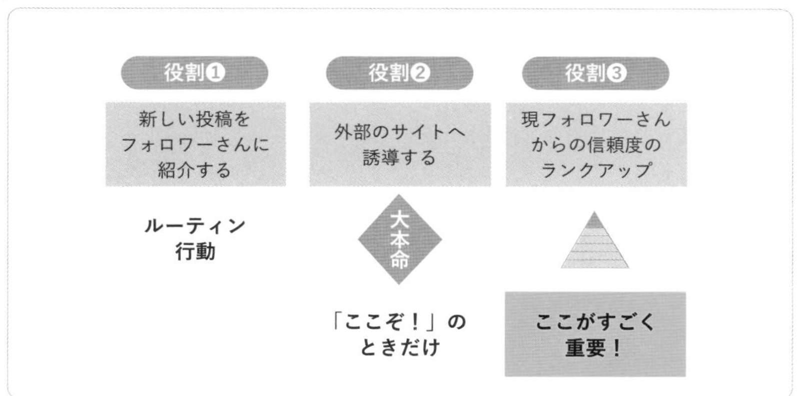

Instagramで結果を出そうと思ったら、ストーリーズで信頼度をランクアップさせていくことは、必要不可欠です。

なぜかというと、InstagramのAIに「そのコンテンツへの関心度の高さ」「そのアカウントとの繋がり度の高さ」がシグナルとして送られていて、後者の「そのアカウントとの繋がり度の高さ」を担うのがストーリーズだからです。

ストーリーズを使って、フォロワーさんからの信頼度をランクアップさせる

「あなたから買いたい」とサービスが求められる状態を作るまでには、

❶フォローしてくれる
❷「いいね」や保存などのリアクションをしてくれる
❸コメントしてくれる
❹シェアしてくれる

といったリアクションが必要になり、さらにインスタライブをする人なら、

❺ライブに参加してくれる
❻ライブにコメントしてくれる
❼「あなたから買いたい」とサービスを求める状態

といった、7段階の信頼度ランクがあります。

fig. 7段階の信頼度ランキング

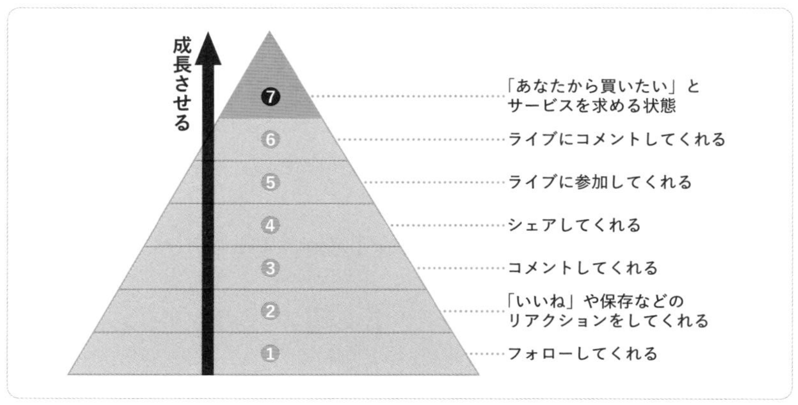

ストーリーズのアルゴリズム

フォロワーさんにストーリーズが表示されるまでにもアルゴリズムがあるので、わかりやすく解説します。

まず、InstagramのAIは、その人のフォローしている人たちがアップしているストーリーズをすべて集めます。たとえば、あなたが100アカウントをフォローしていたとすると、その100アカウントがアップしているストーリーズをすべて集めるということです。

その次に審査があります。この審査は、コミュニティガイドラインに沿って行われます。「スパム行為がないか」「不適切な内容が含まれていないか」といったことを、AIが精査していくのです。コミュニティガイドラインは、お時間のある時に一読しておくことをお勧めします。

気をつけてほしいのは、人間の基準とAIの基準は大きく異なるケースがあるという事実です。例えばかわいらしい赤ちゃんを抱っこしてお風呂に入れている肌を露出しているの肌の写真なども、AIから見ると肌の露出から幼児虐待や暴力の写真として認識されることもあるので、注意が必要です。

審査に通ると、「閲覧数」「リアクションなどのエンゲージメント」「関係性や親密度」がInstagramのAIにシグナルで送られます。

そして、閲覧の頻度やエンゲージメントがさらに計測され、総合的な関係性も判断材料になり、ホーム画面のおすすめストーリーズ欄に表示されます。

fig. ストーリーズのアルゴリズム

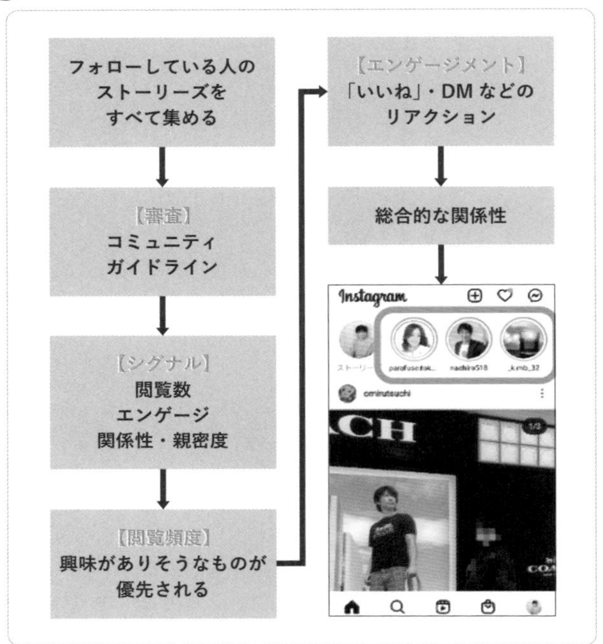

30 インスタAIへの対策はどうしたらいいか？

テクニックに頼るべからず

あえて最初にお伝えしたいのは、**このテクニックだけでは、結果には繋がりにくいので、InstagramのAIにきちんとシグナルを送って、シードアカウントが増える状態をアカウント設計によって生み出してほしいということです。**

本書はインスタビジネスの本質をわかりやすくお伝えすることをテーマにしていますが、ここで紹介するテクニックで時間的な効率を高めることもできるので、プラスαな情報として捉えてもらえたらうれしいです。

アカウント設計でしっかりとファン化の流れを作ることで、ハッシュタグから流入してきてくれたユーザーがフォローしてくれて、さらにあなたのフィード投稿やストーリーズを見て信頼関係を構築していくことで結果に繋がるという一連の流れを、常に意識していきましょう。

ハッシュタグからの流入を増やすAIを利用したテクニック

シグナルの説明でも解説していますが、InstagramのAIには、「画像データ」「キャプションの内容」「ハッシュタグ」の情報が、シグナルとして送られて記録されています。この3つを利用していきましょう。

画像や写真からAIはさまざまな情報を読み取っています。

次ページ左上の写真は、我が家のキッチンのガス台に色々な物を置いて撮った写真です。

fig. 著者の自宅のキッチン（ガス台）

この写真をAIで解析すると、以下のような情報が出てきます。

fig. 画像解析ツールで画像からAIが読み取った情報

Bottle
Shelf
Kitchen
Kitchen Appliance
Cooking
Kitchen Utensil
Kitchen Stove
Major Appliance
Fruit
Food

↓

キッチンのガス台の写真とは認識している模様

fig. テキストとして実際に読み取った情報

2827
340
A
EXTRA
VIRGINOLIVEOIL
t
an
314
Glenfidd
AFTERNOONTEA

「画像からAIが読み取ったの情報」からすると、どうやらキッチンのガス台の写真とは認識していると予想できます。

そして、写真の中から「テキストとして読み取った」として解析しているワードを見ると、瓶などに書かれている文字もわりとしっかり認識していることがわかります。

ということは、

このように文字入れした画像を使うと「キッチン周り」「片付けのコツ」という文字は、ほぼ読み取ってくれることが予想できます。

ですから、「文字入れ投稿（紙芝居投稿）」は、シグナルを意識したAI対策として有効だといえます。

以下に、この理論を前提にしたテクニックをご紹介します。事例で紹介しているのは、ぼくが検証用に使っているお料理レシピを配信しているアカウントです。

- **InstagramのAIにお料理ジャンルだと認識はされている**
- **半年くらい放置していたので状態は最低**
- **インスタライブで料理とは関係のない瞑想をしていた**

という前提があります。とにかく、アカウントの状態は最悪ですが、シグナルは送れているという状態です。にもかかわらず、このテクニックを使った投稿でリーチは5万件を超え、ハッシュタグからの流入は、3万9703件でした（ちなみに対象の投稿の前にしたフィード投稿では、リーチは500件ほど、ハッシュタグからの流入は141件でした）。

以下はテスト投稿したときのインサイトのキャプチャ画面です。

この時ぼくが何をしたのか、詳細をお伝えします。「米粉」というハッシュタグからの流入をテストしたときのことです。

投稿した画像は、以下のサムネイル（最初の画像）1枚だけのみです。

お皿に載ったお饅頭のような写真に、「米粉パン はじめて作りました」という文字を入れました。そして、キャプションで「米粉」というワードを多用して文章を作りました。

キャプションで書いた文章は、以下のようなものです。

はじめて米粉パン作ってみました(^o^ゞ
超簡単料理だったのでレシピもどぞ

ほかのお料理とかは
プロフィールをどうぞ
@shinnosuke_yokoduka_actor

人生でマックス太ってます(^o^ゞ
というわけで、糖質制限しようと米粉買ってきました!

米粉のお料理専門家の○○さんの影響で、
米粉料理には以前から興味津々だったんです!
○○さんの投稿見てると米粉いける気になってきます!

というわけで、米粉→2カップ、ベーキング
パウダー→小さじ1、塩→ふたつまみ、豆乳→
100mℓ、お水→60mℓをボールに入れてこねくります!
ぐいぐい押し込む感じでした!

で、枝豆ととろけるチーズを混ぜて、8分割に丸くして、ペッタンこにして、フライパンで両面5、6分焼いただけ!

お味はというと、おいしい!
ただ、米粉パン自体はじめて食べるので、今朝食べたものが米粉パンかどうかは定かじゃないです(笑)

もちもちしたおやきみたいな感じ!次回は、オーブン使ってみます!

というわけで、久々の投稿でした!

たぶん、米粉やオートミール、お肉の簡単レシピが多くなると思います!
米粉がいい人→○
オートミールがいい人→▲
お肉→■
って、コメントで教えてください(^o^ゞ

というわけで、「米粉」というワードが全部で10回出てきます。

使用したハッシュタグが以下のものです。

#米粉パン
#米粉レシピ
#米粉
#米粉スイーツ
#米粉マフィン
#米粉蒸しパン
#米粉パン教室

このように「米粉」に寄せたハッシュタグを使用しています。

「画像の文字入れ」「キャプション」「ハッシュタグ」この3つを合わせることで、ハッシュタグからの流入3万9000件以上、リーチは5万件以上、フォロワー以外からの流入は全体の94%、というような結果になった検証でした。

テクニックを使うときに注意すること

テクニックというのは、やり方さえ覚えてしまえば、誰でも簡単に使えてしまいます。

ですが、結果に繋げていくために大切なのは、本書でお伝えしているアカウント設計や基礎知識と本質部分になります。

テクニックはテクニックとして記憶の片隅に置きつつ、見込みのお客さまの信頼を得るような運用を心がけていきましょう。

31 Instagramでゼロイチをつくるロードマップ

STEP 0 アカウント設計＆投稿を継続していくインフラ作り

まずは、chapter1～6でお伝えしている内容を踏まえてアカウント設計をして、InstagramのAIが味方になって、見込みのお客さまにおすすめしてくれるような地盤をつくっていきましょう。このフェーズに1～2週間とたっぷり時間をかけても構わないくらいです。

ちなみにぼくの場合は、がっつり設計したいので、一度設計したものを寝かせて、1ヶ月以上かける場合もあります。

アカウント設計をしっかりやっておくと、運用を開始してからの投稿やストーリーズでのコミュニケーションのネタに困ることはなくなっていくので、時間をとってやってみてください。

そして、投稿をしていくためのインフラづくりです。

定期的に継続して行動する準備と心構えをつくってみてください。

ちなみに、「毎日投稿しなきゃいけないの？」というお悩みをよく聞きますが、本業を続けたり育児や家事をしながらというのは、かなり時間的な制約があると思います。**もちろん、時間があるなら最初のうちは毎日投稿が理想的ではありますが、限られた時間の中で行う場合、行動を継続させていくことを優先することのほうが大切だと思います。**

STEP 1 InstagramのAIに認知してもらう

運用をスタートして、最初の段階では、

❶シグナルを送って、あなたのアカウントをAIに認知してもらう

❷投稿内容とマッチしたハッシュタグを使い、流入を増やす

❸ひとりでもいいので、保存してもらえるような投稿を心がける

この３つのポイントをクリアしてみてください。

❶は、P45～でお伝えしている、「シグナル」をどうやって送っていくか、という課題をよく考えて行動していきましょう。

ブースト（加速させる行動）をかける場合は、以下の行動が効果的です。

- **同ジャンルのアカウントをフォローする**
- **同ジャンルのアカウントにいいねや保存をする**
- **同ジャンルのアカウントでの滞在時間を増やす**
- **同ジャンルのアカウントの投稿をシェアする**

フォローや「いいね」、保存は、短い時間でやりすぎるとスパム扱いされてアクション制限などのペナルティが来るので、ほどほどにしておくといいでしょう。

チェックポイント❶　フォロワーが増えない場合は?

一ヶ月続けて、フォロワーさんが全然増えない場合は、アカウント設計がズレていたり、ターゲットの幅が狭すぎる可能性があります。そんなときはもう一度、chapter2からのアカウント設計の手順をよく読み、修正していきましょう。

STEP 2 シードアカウントを増やす

シグナルが送れるようになったら、シードアカウントを増やしていきます。この段階のアカウントパワーはまだ弱いので、「発見タブ」やその他からの流入の可能性は低いです。ですので、ハッシュタグからの流入を増やしていくことに注力しましょう。

見ていくインサイトの数字は「ハッシュタグ」「リーチ」の2つです。

この段階では、インサイトを確認して分析する癖をつけていきます。

シグナルがちゃんと送られていて、保存してもらえる状態が進んでいれば、リーチの数字に変化が出てきます。

リーチが多い投稿をピックアップして、「なぜ他の投稿よりも多いくなったのか？」「他にも切り口を変えてみて再現できないか？」ということを考えていきましょう。「もしかすると、この点が良かったのかも？」という予測も立てて、次の投稿で活かしていきましょう。

まだフォロワーさんが常に増えていくという段階には至っていないので、リーチに変化が出ていれば、シードアカウントが増えていると言えます。フォロワーさんが増えなくても気にせず、淡々と進めていきましょう。

もし、上記の数字に変化がない場合、以下の原因が考えられます。

原因❶ 投稿内容とハッシュタグが合っていない

同ジャンルでうまくいっているアカウントがどんなハッシュタグを使っているのか、競合の調査をしてみて、あなたの投稿内容とマッチするハッシュタグをピックアップしていきましょう。

原因❷ サムネイル（最初の画像）がスルーされている

ハッシュタグ検索の一覧に表示されてもタップされないで、スルーされているケースが考えられます。

メインで使用しているハッシュタグで検索してみて、上位の投稿一覧を確認して、その中でどうやったら目立つのかを考えていきましょう。

チェックするときのポイントとしては、「メインカラー」「文字の大きさ」「フォント」「使っている写真」です。

マネしてつくるのではなく、良い部分は参考にして、一覧で一緒に表示されたときにどうやったら目立つのか？　ということを考えてみましょう。

チェックポイント❷　焦りは禁物！

多くの人がやってしまうのが、フォロワーさんが増えないあまり、ターゲットのアカウントをフォローしてしまったり、友だちなどにアカウントを教えてフォローしてもらうことです。これをやってしまうと、せっかくAIに記憶記録してもらったシグナルがズレてしまうので、インサイトを見て少しでもリーチに変化のある投稿を分析して、予測する癖づけをしていきましょう。

STEP 3 フォロワーさんとの信頼関係づくり

リーチ数に変化が出てきて、シードアカウントが増えるようになってきたら、フォロワーさんとの信頼関係づくりに注力していきましょう。

目安としては、フォロワー数が50人くらいになってから、始めたほうがいいと思います。

信頼関係づくりは、主にストーリーズで行っていきます。P160の「29　ストーリーズで何をするのか？」を読み返してみて、どんどん試していってみてください。

この段階で、フィード投稿のインサイトの中で見ていく数字は「ホーム」です。フォロワーさんが1000人くらいになるまでは、総フォロワ一数の50％以上を目指しましょう。

STEP 4 ブラッシュアップしていく

ここまでのSTEPを順番に進んでくれれば、自然とInstagramでのPDCA（計画→実行→測定・確認→対策・改善のサイクル）が回せるようになっています。この段階では、InstagramのAIに認識されて、どういう内容で投稿したら保存してもらうことができるのか、ある程度つかめてきている状態になっていると思います。

そうなってくると「発見タブ」やその他からの流入が徐々に増えてくるので、新しく訪れてきてくれたユーザーさんがフォローしやすいような受け皿をつくっていきます。

この段階で見るインサイトの数字は、「プロフィールへのアクセス数」「フォロー数」です。

プロフィールへのアクセス数が少ない場合は、以下の原因が考えられます。

原因❶　有益性や再現性ばかり押し出す

つまり、AIがつくった投稿のような発信内容になっているということです。**生身の人間が発信している空気を感じてもらうために、共感性を盛り込んでいきましょう。**

投稿内容だけではなく、ストーリーズを使って、あなたの仕事やプライベートについての考え、想いを書き、共感してもらえるような情報を出していくことです。

原因❷　プロフィールへの誘導が少ない

投稿画像の最後に「その他におすすめの記事」のような形でプロフィールへ誘導する文章を追加したり、キャプションにセルフメンションを入れたりして、プロフィールに行きつくための導線を整えましょう。

そして、フォローが少ない場合は、以下の原因が考えられます。

原因❸　プロフィール名やプロフィール文に魅力がない

P125～のchapter6を読み返して、プロフィールを見直してみましょう。

修正で優先する順序は、以下のようなものです。

❶まず言語化して検証（テスト）してみる
❷検証結果を考えて、次のことを言語化
❸上記の❶と❷を繰り返して、最適なパターンをつくる

修正は❶→❷→❸の順で行うようにしてください。このとき、❶❷❸を全部いっぺんにやってしまうと、どこを修正したら、どう変わったのか、ということがわからなくなってしまうので、修正するのはなるべく一か所ずつにして、何を変えたらどう反応が変わったのか？　を認識できる状態で進める方がほうがベターです。

注　プロフィールは、短時間で何度も変更するとペナルティが来ることがありますので、Instagramの設定画面でいきなり変更しないで、別の場所で下書きしてから行うようにしてください。

STEP 3　フォロワーさんとの信頼度ランクアップ

あなたをフォローしてくれた段階のフォロワーさんとを「あなたに会

いたい」「あなたと話したい」「あなたから買いたい」と、あなたのサービスが求められるような信頼関係を築いていく段階です。この段階まで来るとPDCAが回せるようになっているので、どこを修正すればいいのかをある程度、特定できるようになっていると思います。

投稿＞ストーリーズの順でさらに発信内容の精度を上げていきます。

迷ったら、アカウント設計の悩みの深掘りに戻って考えてみましょう。

PDCAについて

改めて解説すると、PDCAとは以下のサイクルで回すセルフマネジメントの手法です。

fig. PDCAサイクル

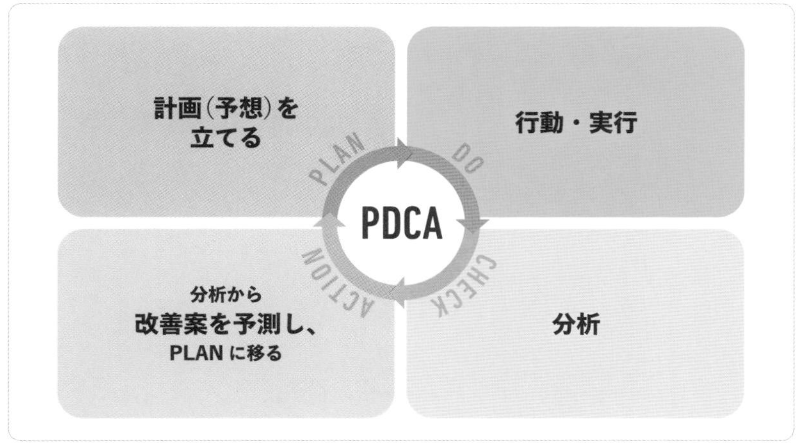

PDCAは、細かく高速で回すのがポイントです。

そのときの状況で見ていくインサイトの数字が異なるので、その時、どの数字を見たらいいのか段階を見極めて、PDCAを回していきましょう。

fig. PDCAを回していく実例

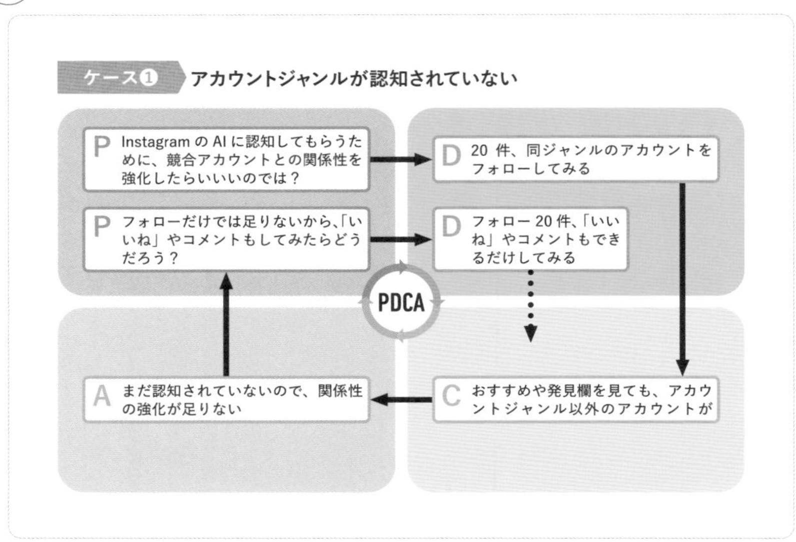

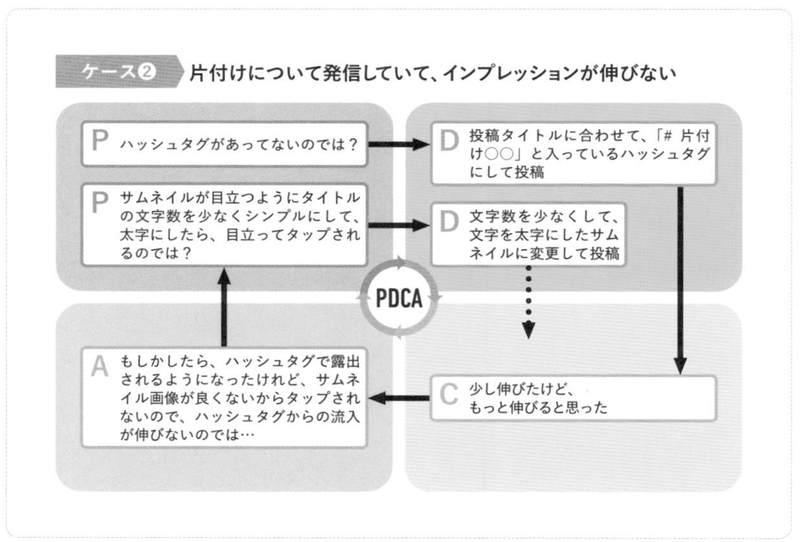

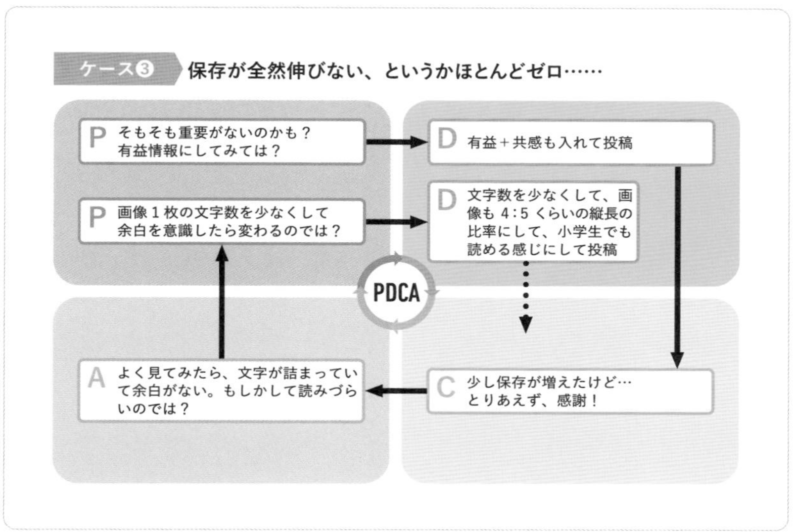

このようにインサイトを確認しながら、段階的にPDCAを回していくと、アカウントがどんどん成長して、投稿するだけでInstagramのAIが見込みのお客さまにおすすめしてくれる状態を作ることができるようになります。

32 公式が与えてくれる環境を最大限に利用する

●見ておくべきインサイトデータ

ここでは、運用の改善のために見ておくべき数字を解説します。

見ておきたい数字は、「ホーム」「いいね」「保存」「リーチ」「プロフィールへのアクセス」「フォロー」の6つと、「フォローの増加数」「総フォロワー数」の、合わせて8つの数字です。

ホーム率＝ホーム÷総フォロワー数×100

ホーム率は、フォロワーさんのうち、どのくらいの割合の人が投稿を見てくれているのかということを推測するための数字です（ただし、ホームで確認できるのは、ホームのタイムラインから見てくれたフォロワー数だけではないため、正確ではありません。ですので、あくまで目安です）。

あなたのことをすでにフォローしてくれている人は、あなたに興味を持ち、フォローまでしてくれているので、興味を惹く投稿があれば閲覧してくれる可能性も、「いいね」や保存、コメント、シェアなどのリアクションをしてくれる確率も高いでしょう。ですので、投稿のエンゲージメントを上げるという意味で、最も注意してみておきたい数字です。

ホームの数だけで見ていると、たとえば、ホームが「500」だった場合、フォロワー1000人のときとフォロワー5000人のときでは割合が違うので、総フォロワー数で割ったホーム率で見ておくといいでしょう。

ぼくが目安にしている数字は、フォロワー規模にもよりますが、40～50％以上です。ですので、40～50％を切る投稿が続く場合は、ストーリーズを工夫してコミュニケーションを計ったりなど、なにかしら改善の対策をとっています。

保存率＝保存÷リーチ×100

保存率は、リーチした人に対しての、投稿を保存してくれた割合です。

1000人の人にリーチして、保存が「15」だった場合は、「15÷1000×100＝1.5%」が保存率になります。保存されるということは、見てくれた人が「また見たい」とブックマークをしてくれたということなので、投稿の有益性や再現性を判断するのに適しています。InstagramのAIでも保存は大切な指標なので、しっかり見ていくようにしてください。

ぼくが目安にしている数字は、1%以上です。1%以上が続いて、2%以上が混じってくるような状態になると、発見タブからの流入が増加する傾向があります。

保存倍率＝保存÷いいね

保存倍率は、「いいね」に対して保存される割合です。
「いいね」は比較的、義理でつけられる場合も多いので、ぼくは「保存＞いいね」の形になるように意識しています。また、保存倍率を見るときには、相対的に確認する見方が必要です。

たとえば、以下の2つは同じ価値だと捉えています。

- **保存が100、「いいね」が50→100÷50＝2**
- **保存が1000、「いいね」が500→1000÷500＝2**

弊社での目安は、保存倍率が1を切る投稿が続くときは、投稿内容が有益性や再現性をが提供できていないと判断して、リサーチをして有益性の高そうな内容に改善しています。

遷移率＝プロフィールへのアクセス÷リーチ×100

遷移率は、投稿を見てくれた人のうちプロフィールまで見てくれた人がどのくらいいるのかということを推測するのに使っています。リーチの中には現フォロワーさんも含まれる、新規で訪れた人だけではありませんが、目安にはなります。

投稿を読んだ後でプロフィールを見に行くということは、投稿だけではなくアカウントにまで興味を持ってくれたということになるので、ファン化していくのに大切な数字だと考えています。

過去1週間、1ヶ月、数か月など期間で区切って判断材料にしていて、遷移率が直近の一定期間で下がり気味のときには、プロフィールへ誘導する施策を考えて対策しています。

フォロー率＝フォロー÷プロフィールへのアクセス×100

フォロー率は、プロフィールまで来てくれたユーザーがフォローしてくれた割合を見るための数字です。現フォロワーも含まれるため、正確ではありませんが、プロフィールを修正する目安にしています。

ジャンルによっても変わると思いますが、だいたい5%を切る投稿が続いていたりすると、プロフィール名やプロフィールの最初の文章を変更するかどうかの目安にしています。

フォローの増加数と総フォロワー数

たとえば、1000人増えて500人減った場合は、総フォロワー数は500人増えたことになりますが、1000人増えて1100人減った場合は、総フォロワー数は100人減ったことになります。しかし、新しいフォロワーさんが1000人増えていることにはかわりがありません。

ポイントは、フォローをやめた人の数を気にしないという点です。

あなたが見込みのお客さまにとってより良い投稿をしている場合、その逆に合わないフォロワーさんというのも出てきます。そして、そのフォロワーさんは、あなたをフォローするのをやめます。

ぼく自身は、フォローをやめた人は、その時点での見込みのお客さまではないという風に考えています。

時間が経てば、またフォローしてくれることもあると思いますし、そのままもう出会うことがないかもしれません。ですが、見込みのお客さまにとって良い投稿をしていて、保存もされていて、有益性や再現性が数字でわかっている場合、反応してくれそうにないフォロワーさんがいるよりも、反応してくれるフォロワーさんの割合が多いほうが投稿への反応率が上がります。反応率が上がるということは、発見からの流入の増加に繋がる可能性が高くなるので、新しい見込みのお客さまに見つけてもらう可能性も上がり、より多くのお客さまに貢献する機会が増えると考えているからです。

ぜひ、上記の6つの数字を確認し、スプレッドシートなどに記録してみてください。記録を取ると、感覚的な部分が可視化されるので、よりインスピレーションが湧いてくる種にもなります。

今までインサイトを記録したことがないという方は、ぜひ、新しい一歩を踏み出してみてください。

数か月データが溜まると、きっと見えている世界が変わります。

33 リールはやったほうがいい？

リールはバズらせやすい!?

リールのアルゴリズムを簡単に説明します。

まず、リールの目的は「見て楽しんでもらう」ことです。

発見欄でおすすめされる流れと同じような工程で、AIはユーザーさんが気に入りそうなリールを探し集め、予測した興味の度合いに基づいてランクづけします。

大きなポイントは、リールの場合、「楽しさ」が重視されるということです。ですので、AIはユーザーが「楽しい」「面白い」と感じるシグナルを集めて、よりユーザーが楽しめるような予測を立てて、表示させるリールを選んでいます。

「楽しい」「面白い」を予測するためのシグナルは、以下の４つです。

- **最後まで見る（視聴完了率）**
- **「いいね」**
- **コメント**
- **音源ページに移動する**

この4つのシグナルを基に、あなたに関連の高そうなリールをおすすめしているという仕組みです。

フィード投稿と違うのは、まず「保存」が入っていないという点。また、フォロー数があまり多くないクリエイターにも目を向けているので、アカウントパワーは関係なく、投稿単体の評価で選んでいるという点です。

「視聴者の反応＞アカウントパワー」なので、あなたのアカウントが開設したばかりで、まだアカウントパワーが低くて成長していない状態でも、楽しめる動画なら発見欄などで関連するユーザーにどんどんおすすめしてくれる、ということが言えます。

つまり、リールを使うとバズらせやすいということです。

注｜公式での発表はありませんが、個人的には「滞在時間」や「ユーザーひとりの視聴回数」がポイントになってくると予想しています。

●リールでバズらせるデメリット

しかし、リールでリーチを伸ばしてバズらせるデメリットもあります。これは、公式から発表があったことではなく、あくまでもぼく個人がインスタ界隈をパトロールしていて、予測していることです。

デメリット＝アカウントのマイナス評価に繋がる可能性

理由その❶　リーチがあるのにフォローに繋がらないから

閲覧回数が増えているのにフォローに繋がらない場合、AIから見て「リールは楽しんでもらっているけど、アカウントをフォローするまでの価値をユーザーが感じていないのではないか」と受け取られる可能性があり、マイナス評価に繋がります。

理由その❷　フォロワーが増えたのに通常投稿のリアクションが薄いから

リールからフォロワーが増えているのに、通常のフィード投稿やストーリーズに対してのリアクションが薄い場合、AIから見たら「あまり望まれていないコンテンツを配信しているのではないか」と受け取られている可能性があり、マイナス評価に繋がります。

あなたのアカウントにこのようなマイナス評価が続くと、インスタAIからは、同ジャンルの人気のないグループにカテゴライズされてしまうのではないかと予想しています。

現にパトロールしていると、フォロワーは多いけど放置気味のアカウントでは同じようにほったらかしの放置していそうなアカウントがおすすめされますし、フォロワーが1万人を超えていてもエンゲージの低いアカウントは、フォロワーが数百人のプライベートで利用しているようなアカウントがおすすめの上位に出てきます。

このように人気のないグループにカテゴライズされてしまうと、いくらリールでフォロワーさんを増やしても、結果に繋げていくことはむずかしくなってしまうので、むやみにリールでバズらせるというのは、リスクが高いと考えています。

アカウント設計して、受け皿を作ってからがベスト

とはいえ、リールでの爆発力は活用していきたいですよね。

しっかりアカウント設計をして、見込みのお客さまがファンになってくれる受け皿を整えてから、リールを活用してさらに広い場所に認知を広めていくといいと思います。

P171の「Instagramでゼロイチを作るロードマップ」でお伝えしているSTEP3以上になってから、リールを取り入れていくのがベターでしょう。

Chapter 8

インスタビジネスはアートとサイエンス

本書ではインスタビジネスで成功を収めるためのアカウント設計の具体的なノウハウを解説してきましたが、同時に自分のアカウントに人が集まってくる心の動きについても語ってきました。この２つは真逆のテーマに見えて、実は切り離せないものなのです。

基準を上げると、見える世界が変わる

●行動できない人ほど、チャンスがある

10年以上前の話になりますが、当時のぼくは、撮影や芝居の稽古がなければ、ゲームをしているか寝ているか、ときにはバイトをしているような生活をしていました。今でも、何もなければ一日中ゲームをしたり、ずっとゴロゴロと寝ていたりする素質をもっているんだと思います。

ですが、今のぼくは、とにかく行動していますし、なにかしら動いています。**なぜそのようになれたかというと、自分自身の「基準」を上げたからです**。きっかけは、横山直宏さんという、マーケティングを教えている方の講義を聞いたことです。

横山さんの講義は、マーケティングのことはもちろん、価値観のことや潜在意識のことなど、多岐に渡り、とても深い内容なのですが、ぼくが感じたことをすごく簡単に言うと「基準を上げて行動したら、見える世界が変わる」ということでした。

そして、基準を上げて行動した結果、今のような状態に至りました。

基準を上げると、まず行動の質が変わります。行動の質が変わると、得られる結果がプラスもマイナスも含めて大きくなるので、さらに次の行動に繋がります。根性論のように聞こえてしまうかもしれませんが「自分は行動できない」と普段から思っている人ほど、基準を上げることができると、ぼくは思います。

かつてのぼくは「このままの自分じゃ嫌だ」「もっと自由になりたい」と自分に変化を求めながらも、なにをどうしたらいいのかわからないという状態でした。ですが基準を上げて、行動することで見える世界が変わりました。

基準は「上がる」ものではなく、「上げる」ものです。

もしもあなたが「このままじゃ嫌だ」と感じているのでしたら、基準を上げるチャンスが目の前に来ているのかもしれません。

「しなければならない」ではない

具体的に基準を「上げる」というのはどういうことなのかというと行動の基準値を「上げる」ということです。

たとえば、腹筋を1日20回するということが今の基準なのであれば、基準値を上げて20回×5セット、合計100回にすることです。

Instagramのアカウント設計で言えば「競合調査をして、同ジャンルのアカウントを20件見つけよう！」というのが基準でしたら、基準値を100件に上げることです。

ここで大切なのは、腹筋100回、競合調査100件を「しなければならない」というわけではないということです。「しなければならない」と思い込んでしまうとストレスがかかり、行動するまでのハードルが上がってしまい、行動できなくなります。やり遂げることが目的なのではなく、基準を上げることが目的なのです。

「腹筋20回を1日5セット（合計100回）」と基準を上げたとしても、3セット（合計60回）しかできないかもしれません。競合調査を100件やろうとしても、50件しかできないかもしれません。

しかし、腹筋20回を基準にしている人がいきなり60回やることはそうそうないと思いますし、競合調査20件でやっている人はがんばっても30件くらいしかできないでしょう。ですが、腹筋60回、競合調査50件が、基準を上げた人の「新しい基準」になります。

今、あなたが何かしらで困っているのでしたら、その状況をチャンスだと考えてみて、基準を上げて行動してみてください。

35 アートがあると行動できる

「誰かの役に立ちたい」想いの行き先

誰かの役に立ちたい、誰かに喜んでほしいという気持ちは、人間の本能に根差した感情です。ですが、その本能的な想いだけではいずれ、エネルギーは枯渇してしまいます。

Instagram運用でいうと、誰かの役に立ちたい一心で投稿をがんばっている人（Aさん）がいたとします。

残念なことにフォロワーさんは増えていないし、リーチも伸びていないので、いくらたくさん投稿をしても、「いいね」や保存、コメントなどの反応がありません。こうなると、いずれ疲れてしまって、Instagramが嫌いになるかもしれないし、「いつまでインスタやったらいいんだろう？」「インスタいつ辞めようか？」などとSNS発信恐怖症になってしまうかもしれません。

フォロワーさんを簡単に増やす方法やAIを使って投稿をあっという間につくってしまう方法があったら、飛びつき、場当たり的なやり方をして、一時的に効率よく結果に繋げることもできるかもしれません。

だけど、最初の頃は、Instagramを使って、誰かの役に立ちたかったはずです。

たとえば、Aさんの目標は月収10万円で、効率のいい手法を使ってその金額を稼げるようになったとします。目標を果たしたAさんは、その達成感に酔いしれるかもしれません。

ですが、達成感というのは、長期的には続きません。翌月になったら、月収10万円で同じ達成感を味わえるのでしょうか？　目標を月収20万円にするかもしれないし、独立起業したくなるかもしれません。

高い目標に更新して、成長していくことは素敵なことだと思います。しかし、Aさんは足りない何かを埋めるために目標を更新して、達成感を味わったら今度は満たされない自分を満たす目標を掲げる、というのを繰り返していくことになるのではないでしょうか。

Aさんにはもともと、Instagramを使って誰かの役に立ちたいという想いがありました。この想いは、効率よく運用することで満たされるのか。その点に、とても矛盾を感じます。

fig. 本当は誰かの役に立ちたいAさん

「終わりを知らない富の追求」からの解放

アートは直訳すると芸術ですが、ここでいう「アート」とは、心のこと領域における問題だと思ってください。

あなたが行動（投稿）することで、相手に良い効果が生まれることがわかる。そして、自分が満たされる。これを繰り返すことで自分の想いが確信に変わり、次の行動に繋げずにはいられなくなるでしょう。

では、相手に良い効果が生まれるとは、どういうことでしょうか？

「お金がない」という悩みを持つ女性がいるとします。この女性の悩みは、金持ちになったら解決するのでしょうか？

パソコンを世界中に広めたアップルの共同創始者、故スティーブ・ジョブズ氏は、亡くなる前にこんな言葉を遺しています。

「終わりを知らない富の追求は、人を歪ませてしまう」

巨万の富を得て、世界の情報技術をけん引していた人の言葉です。

もう一度考えてみてください。

お金がないという女性の悩みは、お金持ちになったら解決するのでしょうか？

「偉くなりたい」「有名になりたい」「美しくなりたい」「売上を上げたい」といった願望には終わりがありません。ということは、本質的な問題は解決しないのです。

しかし、その気持ちの捉え方を変えて、本質的に解決する状態を作ることはできます。それが、アカウント設計の中の、悩みの裏にある感情を考えることなのです。

悩みの裏にある感情を深掘りして、その原因も投稿で教えてあげたら、相手にどんな変化が生まれるでしょうか？

あなたが行動（投稿）することで、相手に良い効果が生まれることになりませんか？

誰かに喜んでほしいというのは、人間のもつ本能です。ということは、あなたがも行動（投稿）することで、相手がよくなることが分かれば、あなたの心は満たされるようになり、行動したくなって、自然と行動することができると思いませんか？

これが、アート（心）があると行動できる原理です。

fig. アート（心）があると行動できる原理

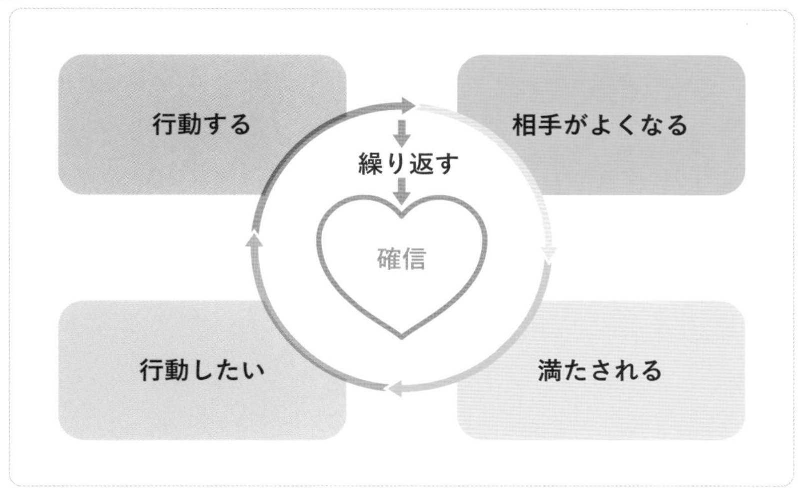

36 モチベーションはゼロでいい

モチベーションは外から与えられる

モチベーションを上げるために必要なものとして、どんなことを想像しますか？

誰か尊敬する人の言葉を思い出しますか？

家族のことを思い返しますか？

テンションを上げるために軽く運動したり、ジョギングに出かけたりしますか？

いつもとは違う服を着て、気合いを入れますか？

美味しいものを食べたり、元気になるドリンクを飲んだりしますか？

もしくは、新しい目標を立てて、未来への希望を広げますか？

どれも、あなたのモチベーションを上げるのに大切なことだと思います。そして、上記にあげた例には、ひとつの共通点があります。

それは、「すべて自分の外側から得る」、もしくは「与えられる」ものだということです。

外から与えられるものは、与えられ続けなければ、いずれ枯渇して、なくなってしまいます。あなたが行動するためのモチベーションが必要な場合、モチベーションが無くなったら、継ぎ足さなければなりません。

意外なことかもしれませんが、尊敬する人の悪い噂を聞いたならば、もうその人の言葉を思い出しても奮い立たなくなるかもしれないし、大切な家族でもケンカもするし、一時的に仲たがいになることもあります。

美味しいものを食べてもお腹は減るし、新しい目標を立てても、世の中の常識が変われば、未来に希望をもてなくなることもあると思います。

生活していく中ではさまざまな出来事があるので、自分の外側の影響で上がったり下がったりするものがモチベーションなのです。

ですので、モチベーションに頼ることの是非を一度、考えてみてみましょう。

行動することで心が満たされるから、モチベーションはいらない

ぼくが小学生の頃、2時間目と3時間目の間の休み時間は20分ありました。ぼくは、この20分の間にドッジボールをやりに校庭に走って出ていました。たった20分です。それなのにドッジボールを持って、校庭へ走ってでて、10分くらいドッジボールをして、3時間目の授業に間に合うように戻ってきていました。ときにはサッカーになる場合もありましたが、これは1日や2日ではありません。一年を通して、校庭に走って出ていっていました。

誰かに「やれ」と言われたわけでもありません。ただ、「ドッジボールがやりたい」、それだけの気持ちでした。ですので、ドッチボールをするのにモチベーションは必要ありませんでした。

そして、3時間目と4時間目をやり過ごし、昼休みになるとまた、校庭に走って出ていきました。給食を早く食べれば、昼休みは30分くらいあったので、隣のクラスの人たちと練習試合として対決するときもありました。

ドッジボールをしているのは、誰か尊敬している人に言われたからではありませんし、家族や友だちのためでもありません。まして、ドッジボールをするために朝からテンションを上げているわけでもありません。

ドッチボールをすることで、自分の気持ち（心）が満たされることを

無意識に知っているからだったのです。

行動することで心が満たされることがわかっていれば、モチベーションは必要ありません。なぜならば、心が満たされるということは、自分にとって良い効果なので、自然と上機嫌で行動してしまうからです。

そして、あなたが行動することで相手に良い効果をもたらすことに確信が持てれば、誰かの役に立ちたいという感情は人がもっている本能ですので、喜んでもらえることに確信があれば、心は満たされます。

心が満たされると、エネルギーが内側から溢れてきます。この内側から溢れてくるエネルギーは、無尽蔵ですので、モチベーションのように枯渇することはありません。

これが、「モチベーションはゼロでいい」正体です。

チェックポイント 自己犠牲にはならないように

誰かの役に立ちたい、喜んでほしいというのは人の本能だと書きましたが、他者へ渡すだけになってしまうと、ただの自己犠牲になってしまいます。大切なのは、「行動することで自分が満たされる」ということなのです。

見込みのお客さま、2つの恐れ

●恐れは2つある

まず、ひとつ目は「足りないこと」です。

お金、時間、もの、知識、エネルギー、愛など、人が生きていくうえで必要だと考えられるものはいくらでもあると思いますが、それぞれについて「自分は足りていないのでは」と感じる恐れです。

ふたつ目は、「愛されないこと」です。

パートナー、家族、友人、同僚、ご近所、世間、ペットなど、自分にとって不可欠と思われる対象から愛されないという恐れです。

「足りないこと」「愛されないこと」、この2つでだいたいのマイナスの感情は説明できてしまいます。

**「売上を上げたい」という
悩みの裏に隠れているマイナスの感情**

- 「売上が上がらなかったらどうしよう？」という不安
  →知識やリサーチ、経験が「足りていない」ことからの恐れ
  →売上が上がらなかったら信頼を失うかもという、「愛されなくなるかもしれない」恐れ
- 休みの日でも自分の時間がつくれなくて、将来が不安
  →自分の時間が「足りなくなる」かもしれないという恐れ
  →家族から「愛されなくなる」かもしれない恐れ
- 成功している人がうらやましく、自分にイライラする
  →知識やリサーチ、経験が「足りていない」ことからの恐れ
  →家族や近しい人にがっかりされる（「愛されなくなる」）恐れ

・本当はこの仕事が好きじゃなくて、悶々とする
→人脈や経験が「足りていない」ことからの恐れ
→期待を裏切る（「愛されなくなる」）恐れ

このように「足りないこと」「愛されないこと」の2つで、マイナスの感情を説明することができます。

ですので、悩みの裏の感情を考えるときには、「なにが足りなくなるのか？」「どんな理由で愛されなくなるのか？」ということを切り口に考えるといいでしょう。

●著者の「恐れ」の体験

以前、とある舞台に出演したときの話です。その舞台は、有名、無名含めて総勢20人くらいの俳優が出演する作品でした。

俳優のランクとしてベテラン・中堅・若手でいうと、ぼくは中堅のポジションです。大手事務所も関わっている公演でしたが、その公演の稽古中から本番までのお話です。

稽古初日は、台本の読み合わせでした。はじめてご一緒する共演者との顔合わせの意味もあるので、軽く合わせてあとは三々五々、というのが通常のパターンなのですが、そのときは、違いました。台詞の言い回しから、役のとらえ方、声のトーンまで、細かくダメ出しをもらいました。さらに若手に混ざって、居残り稽古もありました。

後になって直接聞いたのですが、もともと演出の方がぼくのことを気にかけてくれていていたので、その公演でぼくを成長させようとわざと厳しくしていたそうです。しかし、稽古初日のぼくはそんなことは全く予想していなかったので、プライドはズタズタ、次の稽古に行くのも身構えるほどでした。

そして、稽古が進むにつれて、ダメ出しはエスカレートしていきまし

た。台詞のスピードや抑揚、動きや目線などを事細かにチェックされ、「がんじがらめって、こういうことか」と、自分の演技スキルの足りなさに、なす術がありませんでした。さらに出演者の中で、がんじがらめなのは自分1人だけだと感じていました。

それまでのぼくは、舞台関係者の評判も良く、テレビ関係者からの良い評価もいただいていたので、自分でもそこそこできると思っていました。なたので、心がポキッと折れていました。稽古場へ向かう途中、最寄りの駅に近づくと耳鳴りはするし、吐き気はするし、稽古場に入れば耳が聞こえにくくなったり、視界もぼんやりするようになってしまいました。構え過ぎて、台詞が出てこなくなったなんてことは日常茶飯事で、息が吸えないってこういうことか！と演劇人生で初めて初の八方塞がりというものを経験しました。

原因は、自分に演技のスキルが「足りないこと」だと思っていました。そして、満足のいくお芝居ができないまま、劇場入りすることになりました。

劇場では、初日になる前に照明や音響、舞台装置のテクニカル的なチェックがありを行い、リハーサルを行ってから、初日に挑むのですが、劇場に入ってもエネルギーが沸いてこなかったのです。そんなことは、20年以上舞台をやってきて、はじめてのことでした。

そして、初日を迎えることになりました。いつもは緊張することはないのですが、このときばかりは、心臓がバクバク、仲間は気遣ってくれましたが、膝から下がふわふわして床に足がついている感覚がないくらい自分を見失っていました。

しかし、舞台に出た瞬間、あることがわかりました。それは、観客席から感じるエネルギーでした。その瞬間、ぼくは自由になりました。

ぼくは、観客のいる舞台に立つ瞬間まで、自分のスキルが「足りない」恐れに押し潰されていました。しかし、ぼくがもち続けていた恐怖は、「足りないこと」への恐れではなかったのです。

それは、「愛されない」恐れだったのです。稽古初日から稽古中、劇場入りしてから初日の舞台に立つまで、演出家や共演者、スタッフたちに「愛されていないかもしれない」という恐れだったのです。

その恐れが、観客から送られるエネルギーによって「ちゃんと愛されている」と実感できたことで無くなったのです。

その証拠に初日後、演出家から稽古場で言われてきた内容と同じことを指摘されても、まったくエネルギーが下がることはなく、心は自由でした。そして、演出家からの愛情も受け取れる状態になったので、さらに自由になり、愛されていることに素直に感謝し、心が満たされたのでした。

ぼくは、演技スキルが「足りない」という恐れをもっていたわけではなく、「愛されない」恐れをもっていたのです。

ですので、あの時のぼくにアドバイスができるなら「演出家がなんであんなにも厳しいダメ出しをするのか？　それは、おまえのことを思って言ってくれているのではないか？　怒鳴られた事実ではなく、その裏には演出家のどんな気持ちが隠れているのかを考えてみたらいいじゃん！」と言いたいところです。

ぼくの例で恐縮ですが、人が抱く恐れには「足りないこと」「愛されないことの2種類があり、どちらか片方だけのときもあれば、両方のときもあります。

悩みの裏の感情を考える際の参考になればうれしいです。

38 サイエンスがないと精度が上がらない

インサイトデータを確認しよう！

Instagramで「一定の理論」というのは、アルゴリズムのことです。

アルゴリズムがなぜあるのかというと、あなたがどういうことに関心を持っていて、あなたの投稿がどのくらいほかのユーザーに楽しんでもらえているのかということを数値化して、あなたの評価を決めていき、評価が高ければ、あなたのことをまだ知らない見込みのお客さまにおすすめするためです。

ですので、Instagramからどのように評価されるのか、その基準を正しく把握する必要があります。この基準になる数字が、インサイトデータになります。インサイトデータについては、P180〜の「32　公式が与えてくれる環境を最大限に利用する」でくわしく解説しているので、ここでは、なぜそんな数字が必要なのかということにフォーカスを当てて解説していきます。

たとえば、あなたは、フォロワーさんが500人くらいから全然増えなくて困っているとします。この場合、どうしたらいいと思いますか？

サムネイル画像を改善する？　投稿内容をブラッシュアップする？　「いいね」回りをする？　インスタでコラボライブをする？　ほかのSNSで告知する？

どの回答も、正解でもあり、間違ってもいます。なぜかというと、気が早すぎるからです。

まず、やるべきことというのは、インサイトを見ることなのです。

以下にインサイトを見て、どのように改善していくのか、の具体的な事例を挙げて、解説していきます。

例❶ インサイトを見てみると「ホーム」が50くらいだった

全体のフォロワーさん500人に対して、ホームが50人で「10人に1人にしか見てもらえない」ことになるので、エンゲージを上げていくためには、現在のフォロワーさんたちにもっと投稿を見てもらう必要があります。

ということは、ストーリーズでコミュニケーションを図って、フォロワーさんたちに投稿を見てもらえるようにして、ホームの数字を増やすということをやっていきます。

実際の行動としては、ストーリーズの頻度や内容の改善が挙げられます。

例❶「リーチ」が100～200くらいだった

これは、投稿があまり露出していないということになので、リーチを増やしていくことが必要になります。

ここでまずやることは、InstagramのAIにシグナルがちゃんと送られているのかチェックする、ということです。発見欄（虫めがねマーク）に自分のビジネスジャンルに関連した投稿ではなく、趣味の投稿がたくさん出てくるようなら、シグナルを送ることを意識して改善します。

例❸ プロフィールへのアクセス」はあるのに「フォロー」が増えない

これは、投稿を見てプロフィール画面までは来てくれたけれど、フォローに至らなかった人数が多いことになります。

フォローに至らない原因を考える時のチェックポイントは、「プロフィール名」「プロフィール文（特に冒頭）」「一覧で見たときの世界観」になります。

簡単にできるところから数字を見るようにしよう

このようにインサイトを見なければ、予測を立てて、解決するための施策をしていくことはできないのです。

ですが、本書を読んでいる方の中には、数字にストレスを感じている方もいると思います。数字ばかりに囚われてしまうと動けなくなってしまうのも事実だと思います。

ですので、数字が苦手な方は、簡単にできることからはじめてみてください。たとえば、投稿した翌日のインサイトだけ見るようにすることからはじめてもいいと思います。

ぼくが運用しているInstagramは、投稿した翌日から10日後まで、毎日スプレッドシートに記録を取っていますが、最初はそこまでしなくても大丈夫です。まずは、投稿した翌日のインサイトを見るようにしてみて、慣れてきたら3投稿くらい遡って見てみるとか、さらに慣れてきたら10日分のインサイトをスプレッドシートで記録していくなど、少しずつで構いませんので、インサイトのデータを確認して、記録する癖を付けていきましょう。

数字を見ていかないと精度を上げていくことができないため、毎回直感だけに頼ることになり、根本的な問題解決に繋がりません。

Instagramを続けていると必ずと言っていいほどスランプの時期が来ます。そのときに数字が見れるか、見れないかで大きな差が出てしまいます。ぜひ、インサイトを確認する癖をつけていきましょう。

39 言語化して精度を上げる

PDCAを回すために大切なのは「言語化」

行動することで「うまくいくこと」と「うまくいかない」ことが出てきて、その「うまくいかないこと」を「うまくできる」ようにしていく。

そのために検証（テスト）を繰り返して、「こういうふうにしたら、うまくいった」ということを見つけること。また、「うまくいくこと」をさらに「うまくいく」ように改善していくこと。

これらをビジネス用語でいうと、「PDCAを回す」ということになります。よく「PDCAを高速で回す、より細かく回すことが成功への道」と言われますが、これは真実です。しかし、ほとんどの人がうまくPDCAを回すことができていないという印象があります。

ここでは、PDCAを回すときの最も大切なことをお伝えします。**それは、言語化です**。言語化できると、再現性が生まれます。つまり、言語化したことを実行すれば、誰がやってもうまくいくということになります。

たとえば、ぼくの場合、Instagramの運用はスタッフや外注さんにお任せしています。はじめてバズったときも実際、ぼく自身が手を動かして投稿していたわけではなく、スタッフが運用を担当していました。

本書を読んでいればおわかりかと思いますが、ぼくは特殊能力があるわけではなく、特に優れているわけでもなく、資金力が人よりもあるわけではありません。がんばってくれているスタッフにしても、Instagramが最初から得意だったわけではなく、初心者として始めていますし、マーケティングやビジネスの知識があったわけでもありません。

しかし、スタッフにお願いするからには、作業に見合った報酬をお支払いする必要があります。ということは、結果に繋がるようなやり方をしていかなければ、たくさんの資金があるわけではないので、ぼくはいずれ破産してしまいます。

ですので、どうやったらうまくいくのかを細かく考え、言語化して伝えて、スタッフに活躍してもらう必要があるのです。

やっていて結果に繋がるような活躍ができれば、スタッフもうれしいし、ぼくもうれしいです。そのために、**再現性を生み出していくための言語化は必要不可欠なのです。**

再現性を高めて成功するための言語化

最初からうまくいくやり方を言語化できていたわけではありませんが、若いスタッフに「フォロワーさんが増えるように、◯◯ちゃんの感覚でいい感じにお願いね！」などと適当な言葉をかけて、焼肉をおごってモチベーションを高めても、うまくいくはずがありません。

以下は、2019年、Instagramのことをはじめてスタッフにお願いするようになったときのエピソードです。

その頃、本書でお伝えしているアカウント設計の理論は考えていなかったので、スタッフにはまず、「ぼくがどのようにリサーチしているのか」ということをわかりやすくお伝えしました。

Google検索で何を把握して、Instagramのどの部分を生かしていくのか？　YouTubeで検索してどういうことを知りたいのか、どのくらいの濃度で調べるのか？　そのほか、どのプラットフォームでどういう情報が得られるから、投稿にどうやって活かしていくのか？　こういったことを、最初に伝えました。

次に画像のつくり方と文章の構成について、ことこまかに話しました。感覚的な部分は、スタッフの若い感性に任せて、サムネイル（最初の画像）の目的や構成について、たとえば色遣いや文字の大きさ、フォント、画像の仕上がりについて細かく指示しました。おかげで、テストでうまく行かなかった場合でも、なぜうまくいかなかったのかを予想することができ、継続していれば改善していくという形を作ることができました。

フィード投稿の文章構成は正解がまだなかったので、まずはどういう構成にしてテストするか、そしてテストしてみた結果でどう変えていくか、といったことを言語化して伝えていきました。

ここまでで、だいたい検証していく土台ができました。この頃になると、スタッフも言語化に慣れてきているので、Zoom打ち合わせの回数が減り、チャットのやり取りで間に合うようになりました。

そして、運用が始まってから、アルゴリズムのことやインサイトの見方を言語化して伝え、その後、はじめてバズりました。

そして、スタッフとのそのやり取りの中で投稿を最適化していき、インサイトデータなどから再現性のあるやり方を分析して、保存が伸びる投稿のマニュアルを完成させ、投稿文を外注さんに依頼するようになりました。このマニュアルは再現性が高いため、プロのライターさんでなくても、エンゲージが上がる投稿をつくることができました。

そして、ある程度、外注さんとのやり取りができるようになってくると、外注さんの管理も言語化して伝えることで、スタッフに任せられるようになりました。

このように、細かく分けて言語化していくと最適な状態をみつけることができるので、それを繰り返していくうちに再現性が生まれていきます。

40 最適化して再現性を見つける

「なんとなくできちゃった」ではダメ

「なんとなくできちゃった」「なんとなくやってみた」「なんとなくそう思っている」……。かつての自分もそうでしたが「なんとなくやったらできちゃいました」というフレーズはその人の才能を感じさせますし、実際「なんとなくできちゃっていた」こともあったため、「なんとなく」というフレーズを気に入っている時期もありました。

プライベートならその場その場で、目の前にあることを「なんとなく」対処するだけでいいかもしれません。**しかし、はっきり言い切れますが、ビジネスは「なんとなく」では続きません。**

前のブロックで言語化のことをお伝えしましたが、「なんとなく」は逆に、まったく言語化できていないことを表すフレーズです。

ビジネスとは本来、以下のサイクルで回していくものです。

❶まず言語化して検証（テスト）してみる
❷検証結果を考えて、次のことを言語化
❸上記の❶と❷を繰り返して、最適なパターンをつくる
❹最適なパターンを文字化して、再現性を見つける
❺再現性のあることを他の人に伝える

言語化がうまくできない！

こういう方は、まず、文章にして書き起こしてみるということをやってみてください。口にして表現すると、手振り、身振りで現わすこともできてしまうため、「いつもしゃべっていることを文章で書こうと思ったら、全然書けない」なんてことも起こりえます。

たとえば、寝る前に今日起ったことでよかったことと3つ書きだしてみるといったことからはじめてもいいと思います。明日、どうしてもやらなければいけないこと3つでもいいと思います。とにかく、裏紙でもいいので、書きだしてみてください。書きだすことが日常で慣れていくことで、全然かけないということもなくなっていきます。

しかし、文章を書くことが苦手な方もいると思いますので、ぼくが行っていた文章が書けるようになるトレーニングをお伝えします。

ぼくが行っていたトレーニングは、「書き写し」です。「1日5000文字」と決めて、毎日、気に入っているblogや本の文章を書き写していました。写経みたいなもので、ただ機械的に文章を書き写すだけです。

気に入っている人のblogや本を書き写していると、「筆者の文章の癖」「文章構成」「よく使う言葉」「ここぞ！というときに使う言葉」「こだわりポイント」などを手が覚えていきます。すると、いつのまにか文章を書くのが億劫でなくなっています。

ぼくの場合、5000文字を毎日書き写すということを2ヶ月やっていました。学生の頃は400字詰めの作文用紙1枚書くのに抵抗があったにもかかわらず、2000〜3000文字くらいの文章を書くことに何の抵抗も覚えなくなりました。

書き写す文章は、ある程度文字数のある文章でしたら、何でもいいと思います。本書をまるまる一冊書き写せば、Instagramのことも頭に入ってくるので、一石二鳥かもしれません。文章力の筋トレだと思って、試してみてください。

41 アートとサイエンスの両輪がアカウント設計

アートは「満たされない心」を見つける能力？

あなたに、お金と地位、素敵なパートナーとお子さんがいたとして、それでも、心が満たされていないと感じることがあると思いますか？

Aさんは、生活するのに困らないし、贅沢なものを手に入れようと思ったらお財布を気にすることなく使えてしまうくらいの資産がある人です。また、Aさんが今まで行ってきた功績から、全国的にというまではいきませんが、専門分野に行けば、みんなから讃えてもらえるような場所があります。パートナーはやさしく、いつもAさんを受け入れてくれ、お子さんも健やかに育ち、将来も有望です。

こんな素敵な状況の中にいるAさんに、「心が満たされていない」と感じることがあると思いますか？

fig. 何不自由なく幸せそうに見えるAさん

ひとつ、条件を加えます。

Aさんは、何もしていません。

「何もしていない」といっても宅急便が届けば対応するし、部屋が散らかっていれば片付けもする。なにかあれば、何かしらの対応はします。

ですが、自分から行動を起こすことは必要ないのでしません。

もしも、あなたがAさんのような状況に今いるとしたら、心の中が満たされていないと感じることがありますか？

この話は正解も不正解もありませんが、本書では、行動することで心が満たされるとお伝えしてきました。

満たされることを見つける能力が「アート（芸術）＝心」です。

●アートとサイエンスはコインの裏と表

「売上を上げること」「リストを獲得すること」「ほしいものを手に入れること」「障害を乗り越えること」、そんな、あなたが望む結果を手に入れる方法がサイエンス（科学）です。

本書でお伝えしているアカウント設計の手順を使って、InstagramのAIが味方になるようなアカウントを育てていくこともサイエンスです。投稿のインサイトを記録して、ケースバイケースで数字改善していくことも、そうです。

行動することで心が満たされることがわかっていたとしても、それを検証して、調整していかなければ、結果には繋がりません。

禅問答のような話になりますが、アートとサイエンスは全くの別物ですが、コインの裏と表のようにどちらか一方ということではなく、両方があるということです。本書でお伝えしているアカウント設計も、コインの裏と表のようなことです。

「誰に、どんなことを伝えて、どうなってほしいのか？　そして、あなたはどう思われたいのか？」これは、アートの部分です。
「競合アカウントをリサーチして、モニタリングするアカウントを見つけて、良いところを探して、自分のアカウントに良いところを取り入れていく」こちらは、サイエンスの部分です。

たとえば、フォロワーさんを何としてでも増やしたいと思っている人がいたとします。そこで、競合ジャンルのアカウントをたくさんリサーチして、いわゆるTTP（徹底的にパクる）をした結果、とりあえずフォロワー数だけは伸ばすことができました。サイエンスの部分を追求した結果です。

ですが、ある程度フォロワーさんが伸びたときに多くの人が、こう思います。「こんなことがやりたかったわけじゃない」。

これは、自分のアカウントが好きではなくなってしまっているの状態だと予想しているのですが、言葉は違えど、みなさん同じようなことを言います。でも、TTPしていなかったら、そもそもフォロワーさんが伸びることがなかったわけですから、仕方がないのです。

アカウント設計と「ヒトの心」Instagramの向う側は、心

時代も変わり、人と人との「共感」が社会の大切な部分を占めるようになると共に、AIもかなり進化してきました。そして、これからも、進化していくことでしょう。しかし、スマホの先には、人がいて、心があります。

本書で解説したアカウント設計の中で、人の心に触れている部分があります。それは、悩みの深掘りでお伝えしている悩みの裏に隠れている感情です。

アルゴリズムを前提に作りながら、心の部分を取り入れていくことを

実現させているのが、アカウント設計なのです。

　悩みの裏の感情を考えることを通して、投稿することであなた自身が満たされる状態を見つけて、インサイトを見ながら検証していくことで、InstagramのAIと仲間になり、見込みのお客さまと繋がっていきましょう。

Epilogue

インスタビジネスの先にあるもの

ここまでお話ししてきたように、単にひたすらフォロワーを増やすだけでは不十分で、そこに運用者の思いが反映されない限り、インスタビジネスとして成功とはいえないのです。すべては「アカウント設計」にかかっています。本書の最後にその心構えについてお話しします。

42 インスタビジネスの「向こう側」

●スマホの向う側にあるもの

かつて、「フォロワーを買う」ことが当たり前のように行われていた時代がありました。Instagramが流行る前のことになりますが、Twitterでコンテンツを販売する事業のお誘いを受けたときに、そのやり方や考え方を教わりました。

そのときに教えてくれた人が言うには、「フォロワーを買うのは常識。企業もやってますよ」。実際、その当時の企業のアカウントを見てみると、フォロワーを購入していると思しきアカウントは少なくありませんでした。

「フォロワーが多い」と思わせたほうが、見にきたユーザーが人気アカウントだと思ってくれて、そこからモノが売れていきました。つまり、フォロワー数が多い方が価値があると考えられていたのです。

それ以前のSNS界隈では「年収が多い人が価値がある」と考えられていました。

しかし、時代が移っても、変わらないものがあります。それは「心」です。

ノウハウには意味がありません。なぜかというと、優れたノウハウほど、使い倒されて上書きされていくからです。

ここに、簡単にフォロワーを増やすことができてしまうノウハウがあるとします。そのノウハウは、10名限定で100万円で販売されていて、10名のインスタ講師業の人が購入しました。10名の講師にはそれぞれ

100名の生徒がいて、合計1000人の生徒がそのノウハウでInstagramのフォロワーを増やしました。

このあたりでAIが、「1000人のアカウントの異常値」に気づきます。そして、InstagramのAIエンジニアは、特殊なノウハウでフォロワーを増やすことができないような対策を考え始めます。

一方、ノウハウを教わった1000人の生徒は、そのノウハウを1万円で50人の人にそれぞれ売ります。すると、そのノウハウを購入した50000人の購入者がノウハウを試したとしても、InstagramのエンジニアによってAIは進化し、そのノウハウが無効化するような施策を始めているため、50000人の購入者は、フォロワーを爆発的に伸ばすことができなくなってしまいます。こんなことが繰り返されているのです。

ノウハウには意味がないというのはこういうことなのです。

2023年現在、AIはものすごく賢くなってきました。

プロンプトと呼ばれる命令文で指示すると、まるで人間が書いたかのような文章を書いてしまうし、写真のような人物の画像もつくれるし、ベテランの秘書のような業務もこなしてしまいます。

これは個人的な予測ですが、現在出ているAIの能力は、実は、AIの能力の数%に過ぎないと考えています。ということは、Instagramの投稿について、それが人間がつくったものなのか純製のAIがつくったものなのか、わからなくなる日も遠くはないと思います。

しかし、これだけは言えます。**Instagramの向う側、スマホの向う側には、人間がいます。ということは、「心」があるのです。**

本書でお伝えしているアカウント設計は、スマホの向う側にいる「心」に向けられた手順です。

ビジネスを実践すること、平たく言えばマーケティングとは、お客さまに価値を届ける活動です。日本人の経済教育、歴史教育、道徳教育に力を注いでいる清水康一朗さんはある講義で、「マーケティングとは、お客さまをより良い未来に導くこと」と言っていました。おこがましくも、合体させてみると、マーケティングとは「お客さまに価値を届け、より良い未来へ導く活動」ということになります。

Instagramで「見込みのお客さまに価値を届け、より良い未来に導くこと」を行っていったとしたら、あなたのサービスを求めない人なんていないと思いませんか？

インスタビジネスの「先の先の話」

ぼくは、インスタビジネスの勉強コミュニティを主催してメンバーさんに学んでいただいていますが、定期的にコミュニティ外へのセミナーも開催しています。そのセミナーの参加費の利益は、全額寄付しています。

寄付しているから偉いだろうと言いたいわけではなく、見返りがほしいわけでもなく、ぼくの好きでやっていることです。ただ、参加者の方々にも寄付していることはお伝えしています。

なぜかというと「学ぶという行為自体が、どこかの誰かの役に立つ」ということを無意識に感じてほしいからです。

セミナーに参加してくる人は、Instagramをビジネス活用していきたい、もしくは、これからビジネスを始めて、Instagramで集客したい人が大半です。そして、多くは「誰かの役に立ちたい」とか、「喜んでほしい」というような、何かに貢献したいという想いをもった方々ばかりです。

しかし、セミナーに参加したからと言って、それだけでビジネスが成功するわけではありません。セミナーで学んだことについてテスト＆エラーを繰り返して、ビジネスとして成功したときに、初めて社会に貢献することができるのです。

社会に貢献したくてせっかく学んでいるのに、結果を出さなければ貢献できないというのはとてももったいないことだと、ぼくは感じていました。2022年から開催しているセミナーの参加費から寄付をするようになったのは、学ぶこと自体が社会のため貢献になるということを感じてほしいからです。

「先の先の話」とは、お客さまが見ている先の話であり、ぼくが見ている先の話です。その先の方向性が同じなら、お客さまとあなたは、心と心で繋がった道をずっと歩くことになるのだと思います。

43 アカウント設計がすべての鍵になる

「コインの裏と表」の話

ぼくのビジョン（実現したい未来）のひとつに「女性がお金を使える世の中をつくる」というものがあります。

これは、母の影響を強く受けているせいかと思いますが、女性は楽しいことやキレイなもの、かわいいことに「ポン」と躊躇なく大きなお金を使える特徴をもっていると思うからで、女性に限らず、そういう人が経済的に豊かになって世の中に増えていけば、勝ち負けや正解不正解、上下の関係がなくなり、戦争もなくなると考えているからです。

しかし、このビジョンをこのままInstagramで掲げ続けても、アルゴリズム的には何の意味もありません。**これを「コインの裏」の話だとします**。

また、ぼくはインスタコーチなので、Instagramでフォロワーを増やしていこうと思ったら誰でも再現できるようなノウハウやテクニックをまとめた投稿にちょっとした経験や一言を添えて、発信していけば、おそらく伸びると思いますし、ビジネスとして考えた場合、これが王道のやり方です。**こちらを「コインの表」の話だとします**。

そして、ここでいうコインを、ぼく自身だとします。すると、ジレンマが湧いてくるのです。

裏のほうのぼくは、想いは伝えられているので、気持ちとしては充実します。しかし、これは最初の数週間、続いたとして数か月の話なのです。なぜかというと、コインの裏だけではアカウントが成長しないので、新しいフォロワーとの出会いがつくれないからです。

一方、コインの表では、スタートして新規のフォロワーさんも増えて、最初はうまくいくと思います。しかし、Instagram内でのことだけで、リストの質が悪くなり、成約しにくかったりするケースが出てきます。なぜかというと、ただ単にInstagramをうまく伸ばす方法だけ知りたい人を集めることになり、その人たちはぼく自身の想いや考え方に賛同して集まった人たちではないからです。

さらにリストが集まるようになるということは、その分、対応が必要な人数も増えていくため、ひとりでは立ち行かなくなります。カスタマーサポートのスタッフさんを雇わなければならなくなります。

また、Instagramでも自分が伝えたい内容を発信できているわけではないので、「自分はなにをやっているんだろう」と投げやりになって、外注のスタッフさんに投稿などを任せることになり、運用コストが増えます。

ということは、集客はできるようになるかもしれないけど、運営コストが増えるため、忙しくなったにも関わらず利益はさほど変わらない、というような状態になる可能性があります。収入はつくることができても、本当にやりたいミッションに沿ったことはできないという状態です。これも、本末転倒ですよね。

「コインの裏と表」を両立させるアカウント設計

このように「コインの裏だけ」「表だけ」でも、最初はうまく進むような気がするのですが、それは錯覚であり、どちらか一方だけでは、継続してやりたいことができるようにはならないのです。

では、両立させることはできるのでしょうか？　本書をお読みの方でしたら、すぐにわかると思います。**両立させるために「アカウント設**

計」をするのです。

アカウント設計では、Instagramの市場を把握するところからはじめて、競合を調べ、うまくいっているモデリング先を見つけます。ここまでが、「コインの表」側です。

そして、ターゲット（見込みのお客さま）の悩みから、裏に隠れているマイナスの感情を言語化していきます。この感情は、あなたの感情とリンクするので、自然と「コインの裏」を満たす形になります。

そして、プロフィールを考えるため、あなたが発信したい内容を発信しても、AIが味方になって、見込みのお客さまにおすすめしてくれるような形ができるのです。

さらに副産物として、悩みの裏に隠れている裏の感情を出していくことで、投稿するときのネタに困らず、さらに投稿自体がターゲットに刺さりやすくなってくるのです。

多くの人が、自分のアカウントをバズらせたい、フォロワーを増やしたいと思っています。

それならば、一般的に言うTTP（徹底的にパクる）をして、需要を満たすということをしていけばいいという「コインの表」のことをしていけばいいのですが、それだけでは継続するのに迷いが生じてきます。

でしたら、自分が伝えたいことだけを発信すればいいのでは？　と思われるかもしれませんが、それではフォロワーさんは増えませんから、ビジネスとしての発信はうまくいきません。

アカウント設計が、すべての鍵になるのです。

おわりに〜インスタビジネスに正解はない！〜

本書を最後まで読んでいただき、本当にありがとうございます。それから、本書の中に出演していただくことを快諾してくださったみなさん、この奇跡のような企画の編集や制作に関わっていただいたスタンダーズ株式会社のみなさま、完成まで応援してくれたほんとうに多くのみなさんに心から感謝いたします。ありがとうございます。

本書は、ぼく1人の力で完成したわけではありません。日々、いろいろと質問をしてきてくれる人たち。たくさんの学びを与えてくれる人たち。実際には会ったことない人たち。Instagramという仕組みをつくってくれた人たち。はたまた、SNSという概念を作ってくれた人たち。世の中。宇宙。すべての事象に感謝しています。

人間は、ひとりでは生きていけません。お世話になったり、関わってきた人だけではなく、あなたがほんとうは嫌いだと思うことでさえも、もしそのことがなかったとしたら、今のあなたは存在しないことになります。

本書を手に取って読んで下さり、心から感謝いたします。そして、最後にお伝えしたいことがあります。

それは、インスタビジネスを続けていく上で正解はないということです。正解がないということだけは、100％正しいです。なぜかというと、人の心と心があるからこそのSNSだからです。人の心には、同じものは2つと存在しません。そんなことを言ったら元も子もないことですが、これが原理原則です。では、どうすればいいと思いますか？

ひとつの答えは、本書で何度も書かせていただきましたが、行動することです。そして、ただ行動するのではなく、行動してあなた自身が満たされることです。生きている限り、行動することで満たされないということはありません。これも原理原則です。

本書でお伝えしている「アカウント設計」を通して、Instagramの世界の中で行動することで満たされることを見つけてみてください。見つける手順は、本書に書きました。あとは、満たされることを見つけて行動するだけです。早ければ早いほどいいと思いますので、今日から実行していってみてください。

きっとどこかで、それはリアルかもしれませんし、web上かもしれませんが、お会いできる日を楽しみにしています。そのときは、「しんちゃん」って呼んでください。

では、またまたです。

2023年10月　横塚真之介

読者特別ギフト

本書でお伝えしている

●競合調査リサーチシート
（リサーチシートの使い方動画付き）
●開発に協力したリサーチを
効率的に行うためのツール「インス探偵」

を本書をご購入いただいた特別ギフトとして、配布しています。

入手するには、以下のQRコードを読み込んで、表示されるページに必要事項を記入して登録後、ダウンロードしてください。

https://atsumerus.jp/p/r/5g8pH0f4

※特別ギフトの配布は、システムの変更や、やむを得ない事情で予告なく終了する可能性があります。あらかじめご了承ください。

横塚真之介 Shinnosuke Yokoduka

マーケティングおたく役者。1975 年栃木県出身。横浜国立大学経営学部在学中に俳優活動を開始し、『ディアシスター』『信長協奏曲』『西郷どん』などのドラマ、演劇などで活躍する一方、Web 制作やマーケティングの仕事も始めるようになり、合同会社Atsumeru を設立。商品づくりからブランディング、集客、購入、さらに仕組み化して口コミ発生までの一気通貫サポートを行うようになる。
SNS（メインはInstagram）を中心とした“マーケティング の視点”と、俳優のキャリアから考える表現や演出などの“クリエイティブな視点”、PRプロデューサーとしての“メディア視点”の３つの視点から生まれる発想が注目を集め、口コミでコンサル・コーチを行うようになる。現在は、経営者・起業家向けのインスタビジネス勉強 コミュニティを主宰。数字に依存しないSNSマーケティングの情報発信も積極的に行っている。

●合同会社 Atsumeru http://atsumeru.co.jp/

「あなたから買いたい」と言ってもらえる
インスタアカウントづくりの教科書

2023年12月5日　初版第1刷発行

著　者　横塚真之介
編集人　河田周平
発行人　佐藤孔建
印刷所　株式会社シナノ
発　行　スタンダーズ・プレス株式会社
発　売　スタンダーズ株式会社
〒160-0008
東京都新宿区四谷三栄町12-4　竹田ビル3F
営業部　Tel.03-6380-6132
Fax.03-6380-6136